BASTEI
LÜBBE

Ursula Salentin
Liselotte Hammerschmidt

Chronik der Villa Hammerschmidt

und ihrer Bewohner

BASTEI
LÜBBE

BASTEI-LÜBBE-TASCHENBUCH
Band 65087

Originalausgabe

Printed in Germany, Oktober 1991
Einbandgestaltung: Roland Winkler
Titelbild: dpa (Steiner)
Satz: Kremerdruck GmbH, Lindlar
Druck und Bindung: Ebner Ulm
ISBN 3-404-65087-5

Der Preis dieses Bandes versteht sich einschließlich
der gesetzlichen Mehrwertsteuer

Inhalt

Vorwort

Von Ursula Salentin

Eine weite Rasenfläche, ausladende alte Bäume, helle Wege, eine Fontäne und am Rande des Parks am Rheinufer das weiße, vom Schinkelschen Landhausstil beeinflußte Haus – die Villa Hammerschmidt.

In den vergangenen vierzig Jahren haben uns die Medien oft mit ihrem Anblick konfrontiert. Der Amts- und Wohnsitz des Bundespräsidenten wurde für die Bürger vertraut; das Geschehen in der Villa und um sie herum erweckte Neugierde, Anteilnahme und Stolz. Mehr noch: Die Villa Hammerschmidt – noch immer nach ihrem vorletzten Besitzer und nicht nach ihrer heutigen Funktion benannt – wurde geradezu ein Symbol für unsere junge Demokratie und eine friedliche und glückliche Epoche in unserer Geschichte.

Das Haus ist jedoch älter als die Bundesrepublik. Die Jahre als Präsidentenpalais sind nur ein Teil seiner fast 130jährigen Existenz.

1862/63 im Auftrag eines Bürgers aus Mülheim an der Ruhr erbaut, erlebte es auch unter den Nachbesitzern, den beiden bedeutenden Industriellen aus St. Petersburg – dem Kaiserlich Russischen Wirklichen Staatsrat Leopold König und dem Geheimen Kommerzienrat Rudolf Hammerschmidt – wechselvolle Tage.

Von all dem – vom Haus und seinen Bewohnern – soll die Chronik der Villa Hammerschmidt berichten.

Ursula Salentin, Juni 1991

Albert Troost – Bauherr und erster Besitzer der Villa

Von Ursula Salentin

Von Mitte des neunzehnten Jahrhunderts an erstreckte sich zwischen dem Rhein im Osten und der Coblenzerstrasse im Westen und vom 1819 erbauten Ernst-Moritz-Arndt-Haus im Norden bis zu der 1860 vom Kaufmann Loeschigk erworbenen Villa im Süden – dem heutigen Palais Schaumburg – jenes Bonner Wohngebiet, das zu Recht das Viertel der Millionäre genannt wurde. Nicht nur reiche Bonner, sondern vor allem vermögende Industrielle von Rhein und Ruhr und adelige Familien siedelten sich hier an.

Die einmalig schöne Lage am Rheinufer und der Blick auf das Siebengebirge zeichneten die Villengegend aus. Schon die Römer hatten die später rebenbewachsenen Rheinuferhänge in Besitz genommen. So fand man auf dem Areal der Villa Hammerschmidt Spuren eines römischen Landhauses und eines Brunnens aus dem 1. Jahrhundert nach Christus. Nun errichteten begüterte Zuzügler – meist Rentner, wie man damals jene Bürger nannte, die von den Erträgen ihres Kapitals lebten – in dieser Gegend ihre Ruhesitze oder Sommerresidenzen. Bei reger Bautätigkeit entstanden hier vor allem in der Mitte des vorigen Jahrhunderts elegante Villen, die alle bisherigen Privatbauten in Bonn an Luxus übertrafen.

Bonn war zu jener Zeit eine attraktive Stadt. Die noch nachklingende internationale Rheinbegeisterung, die reizvolle Lage am Strom, das rege geistige und gesellschaftliche Leben, die bedeutende Universität machten die Stadt vor allem für diejenigen interessant, die hofften, dank ihres erarbeiteten oder ererbten Vermögens hier einen angenehmen Lebensabend verbringen zu können.

Auch der erste Hausherr der späteren Villa Hammerschmidt zählte sich zu jener Industriellenschicht des Ruhrgebiets, für die es geradezu zum guten Ton gehörte, ein Haus am Rhein, möglichst im Raum Bonn/Bad Godesberg zu besitzen.

Karl Ferdinand Johann Albrecht Troost (1824–1883) stammte aus einem ursprünglich in Elberfeld beheimateten Kaufmanns- und Ratsgeschlecht, das dort seit 1584 nachweisbar ist. Die Troosts waren überzeugte Protestanten, teilweise pietistisch ausgerichtete und den Tersteegianern* nahestehend.

Albrecht Troost gehörte zu dem Zweig der Familie, der seit 1750 in Mülheim an der Ruhr ansässig war. Sein Großvater, Johann Caspar Troost II, errichtete dort in Luisental 1791 mit großem Erfolg eine für die Region wichtige Spinnerei, Weberei und Druckerei. Seine Söhne, Johann Caspar Troost III und Ferdinand Troost – Vater und Onkel von

* Anhänger des pietistischen Predigers und Liederdichters Gerhard Tersteegen (1697–1769).

Albrecht – traten in das Familienunternehmen ein, gründeten aber auch eine eigene Weberei, die in Abgrenzung zu dem »Troost & Co.« genannten Familienunternehmen unter der Bezeichnung »C.&F. Troost« firmierte.

Die beiden jungen Leute wurden 1825 von ihrem Vater nach England geschickt. Von Manchester aus schrieb am 18. Juli 1825 Ferdinand, der jüngere Sohn, seinem Vater: »Lieber alter Herr, verbrenne Deine Maschinen und laß Dir engländische bauen ...« Johann Caspar Troost II befolgte zum Segen seines Unternehmens den Rat des Sohnes: 1817 beschäftigten die Troosts in Luisental 300 Arbeiter, 1845 waren es schon 950 und 1846 bereits 1210.

1830 starb der Unternehmensgründer, 1837 auch sein Sohn Ferdinand. Nun war Johann Caspar Troost III, der Vater Albrechts, alleiniger Firmenchef. Wie schon sein Vater war auch er ein hochangesehenes Mitglied der Mülheimer Bürgerschaft. 1840 schickte ihn die Stadt als Huldigungs-Deputierten zur Thronbesteigung Wilhelm IV. nach Berlin, von 1841–1846 war er Präsident der Mülheimer Handelskammer, 1847 wurde er vom preußischen König zum Königlich Preußischen Kommerzienrat ernannt. In Mülheim bewährte sich die Familie Troost in der Sozialfürsorge und der Armenpflege. Kulturellen Fragen gegenüber war sie aufgeschlossen.

Als Johann Caspar Troost III 1848 starb, hinterließ er den männlichen Erben, den Söhnen seines Bruders Ferdinand und seinen eigenen – Ernst Caspar Max und Karl Ferdinand Johann Albrecht – ein geordnetes, expandierendes Unternehmen.

Die Familie Troost aus Mühlheim a. d. Ruhr um 1830. Johann Albrecht Troost als Kind, links unten aufgestützt lagernd. Ölgemälde von Joseph Winkelierer.

Doch sowohl Max als auch Albrecht Troost hatten, wie oft in der dritten Generation, kein Interesse daran, unternehmerisch tätig zu werden. Vielmehr waren sie bestrebt, das ererbte Kapital sicher und gewinnbringend anzulegen und es nicht den Wechselfällen unternehmerischen Handelns auszusetzen. 1856 wurde der größte Teil der Firma »C.&F. Troost« in eine Aktiengesellschaft mit einem Aktienkapital von 1200000 Talern umgewandelt. Aus den beiden Fabrikbesitzern Max und Albrecht wurden Privatiers, die ihr Erbe hauptsächlich in Kohle und Bergbau investierten.

Vor allem von Max Troost, dem älteren der Brüder, weiß man, daß er sein Geld wertsteigernd anlegte. So war er beispielsweise Mitglied der »Mülheimer Zehntgesellschaft« – einem Zusammenschluß Mülheimer Industrieller zur Nutzung des Zehntrechts –, die von den Zechen, die auf dem Boden der Unterherrschaft Broich entstanden, Zehntgeld forderte und teilweise von diesen fünf bis sechs Prozent des Bruttoertrags erhielt. Wohnhaft war er von 1858 ab auf dem Rittergut Hornoldendorf bei Detmold.

Von Albrecht Troost sind derartige lukrative Geschäfte nicht bekannt. Er scheint der zurückhaltendere und stillere, weniger geschäftstüchtige der Brüder gewesen zu sein.

Als Albrecht Troost 1856 Privatier wurde, war er ein junger Mann von zweiunddreißig Jahren. Ein jugendlicher Müßiggänger ohne Lebensziel oder ein junger Mensch, der nun endlich seinen Neigungen nachgehen konnte und sich neue Lebensziele suchte? Wir wissen es nicht. Bekannt ist nur, daß er Mülheim a.d. Ruhr verließ und nach Berlin zog.

Ab 1862 scheint sich dann Albrecht Troost im Rheinland, genauer in Bonn, aufzuhalten. In den Bonner Adreßbüchern von 1862/63 wird für das Grundstück Coblenzerstrasse 47 1/2 ein Neubau angezeigt; in den Ausgaben von 1865/67 heißt der Eigentümer des Neubaus Albrecht Troost.

Es ist anzunehmen, daß der Eigentümer auch der Bauherr war, doch läßt sich Abschließendes hierzu nicht sagen, denn die Bauakten sind bei den hierfür zuständigen Bonner Behörden nicht mehr auffindbar.

Der Architekt des im Landhausstil errichteten Hauses an der Coblenzerstrasse 47 1/2 aber war unzweifelhaft der Bonner Universitätsbauinspektor August Dieckhoff (1804–1891) aus Stettin. Er war in Berlin noch ganz im Sinne Schinkels ausgebildet worden und hatte dort 1844 seine Baumeisterprüfung abgelegt.

Vermutlich hatte Albrecht Troost in seiner Berliner Zeit die bedeutenden Schinkelbauten wie zum Beispiel die Neue Wache, das Schauspielhaus am Gendarmenmarkt, das Alte Museum, Schloß Charlottenhof bewundert und aus diesem Grunde unter den zahlreichen Bonner Architekten August Dieckhoff für sein Bauvorhaben ausgewählt. Selbstverständlich war der Universitätsbauinspektor in

Die Villa Troost/König vor dem Umbau in ihrer ursprünglichen Form.

Bonn längst ein renommierter Mann und in diesen Jahren außer mit dem Bau der Villa Troost auch noch mit der Projektion sowohl der Frauenklinik als auch des Chemischen Instituts beschäftigt, zwei Bauten, die wie die ebenfalls von ihm geplante Neue Anatomie zum Ruhm der Bonner Universitätsbauten beitrugen.

Die von August Dieckhoff erbaute Villa Troost wurde von Dr. Gisbert Knopp im »Gutachten des Rheinischen Amts für Denkmalpflege« 1976 folgendermaßen beschrieben:

»Das Gebäude der Villa Troost war zweigeschossig mit seitlich zwei kleineren, im zweiten Obergeschoß niedrigeren einachsigen Anbauten, an die zwei breite eingeschossige Flügelbauten anstießen. Der Hauptbau war an der Vorderfront (Koblenzer Straße) gekennzeichnet durch eine in drei Schichten gestaffelte Fassade mit gleichmäßiger Eckquaderung und umlaufender bekrönender Balustrade, die an ihren Eckpunkten durch Vasen akzentuiert war. Über dieser erhob sich in der Breite des mittleren risalitartigen Vorsprungs ein hausartiger Aufbau mit flachem Satteldach und Giebel zur Vorder- und Rückfront. Die beiden Geschosse trennte ein die Eckquaderung durchbrechendes Gurtgesims, das gleichzeitig den oberen Abschluß der flügelartigen Anbauten bildete. Die Gesamtbaumasse war an der Vorderfront in fünf Schichten tiefengestaffelt; vom Dachscheitel bis zu den untersten Eckpunkten bestand eine vierfache Höhenstaffelung.«

Es ist anzunehmen, daß das später als Villa Hammerschmidt bekannte Haus errichtet wurde, weil Albrecht Troost heiraten wollte. Die Auserwählte war Jenny Giesler (1839–1867), ein junges Mädchen seiner Gesellschaftsschicht.

Wo und unter welchen Umständen sich Albrecht Troost und Jenny Giesler kennenlernten, läßt sich nicht mehr feststellen. Beurkundet ist aber, daß der knapp neununddreißigjährige Albrecht Troost aus Bonn mit der fast vierundzwanzigjährigen Jenny Giesler aus Brühl am 25. August 1863 in der Kapelle im Park von Schloß Falkenlust bei Brühl getraut wurde.

Schloß Falkenlust war das Elternhaus von Jenny Giesler. Das ehemals vom Kölner Kurfürst Clemens August erbaute Jagdschlößchen, im Park in unmittelbarer Nähe des Residenzschlosses Augustusburg gelegen – heute bittet die Bundesregierung zu Empfängen dorthin –, war ein Elternhaus, wie man es sich schöner für ein Bürgerkind der damaligen Zeit kaum vorstellen konnte. Der ehemals kurfürstlichem Jagdvergnügen dienende Bau war nach den Plänen von Cuvilliés errichtet worden. Er ist in Haupthaus und Nebengebäude aufgeteilt und in seiner Ausgewogenheit und Eleganz kaum zu übertreffen. Mit dem Ende des Kurstaates 1794 war Falkenlust den französischen Revolutionstruppen zugefallen. 1807 erwarb es ein deutscher Diplomat in französischen Diensten. Von 1833–1960 gehörte das Schlößchen der Familie Giesler. Heute ist das Land Nordrhein-Westfalen der Besitzer.

Wie bei Albrecht Troost wissen wir auch bei Jenny Giesler mehr von ihrem Herkommen als von ihrer Person. Die junge Frau stammte wie ihr Mann aus einer alten, angesehenen protestantischen Bürgerfamilie. Seit 1496 sind die Gieslers im Raum von Lüdenscheid, Altena und Schwerte als Landwirte, Juristen, Ratsherren und Fabrikanten tätig.

Nach Angaben der »Chronik der Familie Giesler« war der 1750 geborene Großvater Jennys Gutsbesitzer in Altena. Er verheiratete sich mit der Irin Jane Patrikson aus Dublin und lebte allem Anschein nach zeitweise in England. Da er früh starb, mußte sein ältester Sohn, Friedrich Theodor, seine Mutter und sechs Geschwister unterstützen. Jane Giesler schickte ihren Sohn in die Kaufmannslehre zu ihren Verwandten nach England. Sie selbst soll mit ihren anderen Kindern in Köln gelebt haben. Gut ausgebildet kehrte Jennys Vater zurück. Mit Geschick, so heißt es, betrieb er eine Weinhandlung in Köln, gründete in Avize in der Champagne eine Sektkellerei und unterhielt zusammen mit einem seiner Schwäger in England eine Niederlassung. Seine Geschäfte in Deutschland, Frankreich und England florierten ausgezeichnet. Auch Friedrich Theodor wählte eine Engländerin zur Frau. Die Mutter Jenny Gieslers, Christine Lambert, kam aus Banstead-Surrey.

1833 erwarb Friedrich Theodor Giesler Schloß Falkenlust. Dort wurden sechs der sieben Kinder aus der Ehe mit Christine Lambert geboren, unter ihnen auch Jenny, die Zweitälteste.

Einunddreißig Jahre später kam 1864 in Brühl das erste Kind Albrechts und Jenny Troosts, der Stammhalter Arthur, zur Welt. 1865 konnte das junge Ehepaar endlich in sein prächtig eingerichtetes neues Haus in Bonn einziehen. Im Mai 1866

Die Familie Friedrich-Theodor Giesler um 1842. Das jüngere Mädchen ist Jenny.

wurde ihm dort die Tochter Alice und ein Jahr später der Sohn Friedrich-Edmund geboren.

Doch das Schicksal war der jungen Familie nicht wohlgesinnt. Am 13. August 1867 ertrank das dreijährige Söhnchen Arthur in der großen Fontäne im Park von Falkenlust.

Wie es zu diesem Unglück kam, wer sich zu Recht oder Unrecht die Schuld an diesem Ereignis geben mußte, ist heute vergessen.

Der Schicksalsschlag vernichtete das vermutlich glückliche Familienleben, denn Jenny Troosts Sinn war von da an getrübt. Der Schmerz über den Verlust ihres ältesten Kindes wirkte sich lebenszerstörend aus. Wie Alexander Koenig, Sohn des Nachbesitzers des Hauses, in seiner »Autobiographie« schreibt, hat Jenny am 14. November 1867, knapp achtundzwanzig Jahre alt, »in einem Schwermutsanfall ihrem Leben im Rhein eine Ende gemacht«.

Albrecht Troost muß geradezu fluchtartig sein schönes Heim und Bonn verlassen haben. Bei Alexander Koenig heißt es hierzu, daß »der Besitzer – ein gewisser Troost ... aus Gram über den Tod seiner Gattin ... die schöne Besitzung nicht mehr zu halten vermochte«.

Den Witwer zog es rheinaufwärts nach Bendorf. Dort starb er am 3. Dezember 1883. Seine beiden Kinder, Alice und Friedrich-Edmund, wurden in Falkenlust von ihrer Großmutter erzogen.

Die Villa im Besitz des Kaiserlich Russischen Wirklichen Staatsrats Leopold König

Von Ursula Salentin

Bonn, 25. November 1867. Im Grand Hôtel Royal, Coblenzerstrasse 11 – dem heutigen Hotel Königshof an der Konrad-Adenauer-Allee – gab an diesem Herbstnachmittag der Hotelbesitzer Heinrich Ermekeil dem Personal letzte Anweisungen. Es galt, die Tafel für das Geburtstagssouper des russischen Industriellen deutscher Abstammung, Leopold König (1821–1903), festlich zu decken. Von Blumen, Früchten, Kerzen war die Rede und selbstverständlich von Damast, Silber und Kristall.

Herr Ermekeil hatte für dieses Ereignis den sonst wenig benutzten »Blauen Salon« bestimmt. Er befand sich schräg gegenüber der von den Königs bewohnten Hotelsuite.

Die Farbe Blau, so hatte man erfahren, spielte bei den Königs eine bevorzugte Rolle. Zum einen war sie Caroline Königs (1828–1894) Lieblingsfarbe, zum anderen wurden auch in St. Petersburg alle Zuckerhüte in blaues Papier verpackt, ehe sie die Raffinerien der Hauptstadt, also auch die Fabriken der Königs, verließen.

Den »Blauen Salon« zum Ort der Festlichkeit auszuwählen, war daher eine liebenswürdige Geste der Hotelleitung. Sie galt einem Mann, von dem man wußte, daß er führend unter den russischen Zuckerindustriellen war und ganz zu Recht »sacharnijkorol« »Zucker-König« genannt wurde.

Bei den Hotelbesitzern und dem Personal waren die Königs, die sich seit mehreren Wochen in Bonn aufhielten, sehr beliebt. Der mittelgroße Gast mit dem krausen hellen Haar, den flinken grauen Augen und den feingeschnittenen Gesichtszügen wirkte bescheiden trotz allen Reichtums. Seine dunkelhaarige und dunkeläugige, ernst blickende Frau war stets zuvorkommend und liebenswürdig.

Leopold und Caroline König mit den Söhnen Alexander (links) und Friedrich 1864 in St. Petersburg.

Die vier Söhne, auch die beiden jüngeren, benahmen sich wohlerzogen und höflich. Geld und Ansehen hatten offenbar die Gäste aus dem fernen Zarenreich – denen der Ruf märchenhaften Reichtums vorausging – nicht überheblich werden lassen.

Aus dem Bäckerssohn und Zuckersiedergesellen Leopold König war längst ein nobler Handelsherr geworden, der seiner Familie den Lebensstil vermögender Kreise bot. Die Königs bewegten sich sicher und selbstbewußt in dem rheinischen Hotel.

Seit seinem Entstehen Mitte der fünfziger Jahre des neunzehnten Jahrhunderts beherbergte das Grand Hôtel Royal fast ausschließlich sehr gutsituierte, allerdings selten so reiche Gäste wie die Königs. Hier verkehrten deutscher und ausländischer Adel, Industrielle und Kaufleute, Angehörige der Universität und des Militärs.

Ein vergilbter Prospekt erinnert noch heute an die Annehmlichkeiten des Hauses und seine besondere Lage. Er zeigt die Rheinfront des dreigeschossigen Hotelkomplexes, von dem aus sich die Gäste am Anblick von Rhein und Siebengebirge erfreuen konnten. Abgebildet ist auch der zum Fluß hin gelegene Hotelpark, den ein aufwendiges Eisengitter von der allgemein zugänglichen Uferpromenade trennte, und unmittelbar am Rheinufer vor dem Hotel das verankerte Badeboot, das warme und kalte Bäder bereithielt.

Aus dem Begleittext erfährt man außerdem, daß vor dem Hoteleingang Pferdedroschken standen, mit denen die Gäste Ausflüge in die nähere und weitere Umgebung unternehmen konnten.

Kein Wunder, daß sich die Königs hier wohl fühlten.

Leopold und Caroline König, Schwägerin und Schwester Maria Papmehl, die vier Söhne Karl, Leopold, Alexander und Friedrich, außerdem die Hauslehrer und Bediensteten genossen das komfortable Hotel und die herrliche Rheinlandschaft.

Im Herbst 1867 konnte es sich Leopold König erlauben, auch über Monate hinweg nicht mehr unmittelbar in seinem Industrieunternehmen anwesend zu sein. Seine Vormachtstellung auf dem russischen Zuckermarkt stand fest. Die beiden Fabrikationsstätten in St. Petersburg wurden von Bruder Georg König und Schwager Eduard Papmehl in seinem Sinne geleitet. Die Telegraphie gab ihm die Gewißheit, daß alle Entscheidungen, die er traf, schnell in St. Petersburg ankommen würden. Die inzwischen gut ausgebauten Eisenbahnverbindungen zwischen dem westlichen Europa und Rußland – man reiste von Bonn über Köln nach Berlin, wo man sich meist einen Aufenthalt gönnte, und von dort aus weiter über Warschau oder Wirballen nach St. Petersburg – ermöglichten eine kurzfristige Rückkehr.

Von Bonn aus war also ohne weiteres das russische Zuckerimperium zu lenken. Der Gedanke, sich in Bonn nicht nur für einige Wochen oder mehrere Monate, sondern vielleicht für immer niederzulassen, gewann für Leopold König daher zunehmend an Attraktivität.

Sohn Alexander (1858–1940), der berühmte Zoologe und Gründer des »Zoologischen Museums Alexander Koenig« (später schrieben einige Familienmitglieder ihren Namen mit oe) nennt in seiner »Autobiographie« hierfür die entscheidenen Gründe. Der Vater, so schreibt er, schätzte die Atmosphäre Bonns, »in der er sich wohl und behaglich fühlte«. Für die schwer asthmakranke Mutter aber war es die leichte Bonner Luft, »die ihr sichtlich gut zu bekommen schien«.

Das Bonn, das die Königs hier in den Jahren kurz vor der Reichsgründung 1871 kennen- und schätzenlernten, hatte allerdings mehr als nur Atmosphäre und leichte Luft zu bieten. Es zeichnete sich nicht nur durch die Schönheit der Lage am Fluß und die Lebensart und Liebenswürdigkeit der Bonner aus, sondern es bot seinen Bewohnern auch höhere Lebensqualität als vergleichbare andere deutsche Städte. Hieran hatte der seit 1851 amtierende Oberbürgermeister Leopold Kaufmann entscheidenden Anteil. Ihm war bewußt, daß sich der Vorzug Bonns, eine Universitäts-, Rentner- und Garnisonstadt zu sein, nur dann erhalten ließ, wenn man die damals einsetzende Hochindustrialisierung fernhielt.

Nicht die Industrie, sondern der Zuzug und Verbleib reicher Bürger sollte den Bonner Steuersäkkel füllen. Es galt also, Bonn für wohlhabende Kreise des In- und Auslands anziehend zu machen. Deshalb bemühte sich Kaufmann darum, die Attraktivität der Stadt zu erhöhen und mit ihr für den Zuzug nach Bonn zu werben. Diesem Ziel dienten: die Sanierung der Rheinfront und der Bau der Uferpromenade, die Pflasterung der Straßen, die Anfänge der Kanalisation, die Einführung von Gas, aber auch die Berufung des ersten von der Stadt bezahlten Musikdirektors und der Erwerb des Theatergebäudes, das der in Konkurs geratene private Theaterverein versteigern ließ. Für die Königs, die aus der lebhaften, kosmopolitischen russischen Metropole kamen, muß Bonn ein Ort gewesen sein, in dem sich der Charme der Provinz mit den Annehmlichkeiten moderner Zivilisationserrungenschaften verband. Ein wahres Refugium.

Die letzte Entscheidung für Bonn aber fiel nicht aus diesen Gründen. Sie wurde von Caroline König gefällt, indem sie erklärte, daß ihr noch niemals eine so »schöne, milde Luft entgegengeströmt sei wie hier in Bonn«! Für Leopold König war dies ein Signal. Immer um das Wohlergehen seiner Line besorgt, setzte er ab Spätherbst 1867 alles in Bewegung, um ein Domizil zu finden, das die Familie für längere Zeit aufnehmen konnte.

Das Schicksal spielte mit. Albrecht Troost, dem der Tod von Frau und Söhnchen das Haus und Grundstück an der Coblenzerstrasse 47 1/2 verleidet hatte, beschloß, sich von allem zu trennen, was ihn an die glückliche Vergangenheit erinnerte. Es läßt sich heute nicht mehr feststellen, wie Leopold König auf die zum Verkauf stehende Villa aufmerksam wurde. Sicher ist nur, daß am 15. Februar 1868 vor dem Notar Carl von Monschaw in Bonn der Vertrag zwischen Albrecht Troost und Leopold König über den Besitzerwechsel der Coblenzerstrasse 47 1/2 unterschrieben wurde.

An jenem Novemberabend aber, an seinem 46. Geburtstag, ahnte Leopold König vermutlich noch nichts von dieser zukünftigen Entwicklung. Vor seiner Familie und den wenigen geladenen Gästen – den Hauslehrern Schlüter und Dr. Israel und dem Geheimen Konsistorialrat Dr. Hundeshagen und dessen Frau – brachte er allerdings zum Ausdruck, daß er entschlossen sei, Bonn statt St. Petersburg zum Familienwohnsitz zu wählen.

Die neue Hausherrin und der neue Hausherr jener »wunderhübschen Villa« am Rhein – seit 1868 nicht mehr Coblenzerstrasse 47 1/2, sondern 127 – waren direkte Nachkommen deutscher Auswanderer, die zu Anfang des neunzehnten Jahrhunderts in Rußland ihr Fortkommen gefunden hatten.

Politische und religiöse Verfolgungen oder wirtschaftliche Not – die Folgen der Französischen Revolution und der Napoleonischen Kriege – hatten seit Ende des achtzehnten Jahrhunderts Tausende von Deutschen veranlaßt, ihre Heimat aufzugeben und ihr Auskommen in den Jahren zwischen 1770 und 1850 in Amerika, Ungarn oder Rußland zu suchen.

Bei den Vätern von Caroline und Leopold König waren es eindeutig wirtschaftliche Gründe, hervorgerufen durch die Napoleonischen Eroberungen, die sie veranlaßten, ihr Glück in St. Petersburg zu erproben, das als Eldorado für deutsche Handwerker gepriesen wurde. Man wußte, daß Einwanderer dort schnell zu Geld kommen konnten, zu Wohnraum, Grundbesitz, Hauspersonal: kurz, daß ein angenehmes Leben sie erwartete. Fleiß und Können machten sich bezahlt.

Über die Familie des Zuckersieders Karl Papmehl, dessen älteste Tochter Caroline König war, weiß man wenig. Ohne die Verbindung zu den Königs gäbe es vermutlich kaum Erinnerungen an sie. So aber ist bekannt, daß der Zuckersiedergeselle Karl Papmehl aus Lissa 1811 »auf der Walze« in Posen den Bäckergesellen Johann Georg König kennenlernte. Die beiden Handwerker zogen nach St. Petersburg. Sie blieben ein Leben lang eng befreundet.

Karl Papmehl, der im Stadtteil Kolomna eine Zuckerfabrik betrieb, bildete ab 1837 Leopold König, den Sohn seines Freundes, als Lehrling aus. Marie Papmehl geborene Brusch aus Stralsund, die Frau Karls, starb früh, und so vertraute er kurz vor seinem Tod 1842 seine fünf Kinder seinem Gesellen Leopold König an. Seine Zuckerraffinerie wurde unter Vormundschaft gestellt.

Von den Königs hingegen ist vieles überliefert worden. Die schreibgewandten Mitglieder der Familie: Julie König, Leopold Weber und Alexander Koenig – Schwester, Neffe und Sohn von Leopold König – haben ausführlich die Lebenswege ihrer Vorfahren beschrieben.

So unterschiedlich hierbei Blickwinkel und Akzentsetzungen waren, einmütig kamen dennoch alle drei zu der Meinung: Die Königs aus St. Petersburg waren eine jener deutschen Handwerkerfamilien, die sich durch Fleiß, Unternehmungsgeist und Gottesfurcht auszeichneten. Das buchstäbliche Glück der Königs war das Ergebnis dieser Tugenden. Die Quintessenz aus Richard Wagners »Meistersinger« – Ehret eure deutschen Meister, dann bannt ihr gute Geister! – galt offensichtlich nicht nur an der Pegnitz in Nürnberg, sondern auch an der Newa in St. Petersburg. Einschränkend muß man hier allerdings sagen, daß alle drei Autoren gelegentlich ihre Hochschätzung übertreiben. So tugendhaft und rein, so tüchtig und gut können auch in der Vergangenheit kaum Menschen gewesen sein. Doch, wie will man nach 150 Jahren die Wahrheit herausfinden?

Unbezweifelbar ist, daß die Familie König aus dem Thüringischen, genauer aus der Nähe von Erfurt, stammt.

Dort, in Gebesee, wurde am 20. Mai 1785 dem Mahlmüller Johann Leopold König und seiner Frau Martha Margarethe geborene Marschall als drittes Kind Johann Georg, der Vater Leopold Königs, geboren. Als der Junge zehn Jahre alt war, starb sein Vater. Die Mutter brachte den Vierzehnjährigen nach Schulabschluß und Konfirmation in die Lehre zu einem Bäckermeister nach Erfurt. Bei dem strengen und jähzornigen Lehrherrn beendete Johann Georg König 1803 erfolgreich seine Lehrzeit und arbeitete noch bis 1805 in Erfurt.

Von 1805 bis 1812 – in einer Zeit, in der er unmittelbar mit den Wirren der Napoleonischen Eroberungszüge in Berührung kam – begab sich Johann Georg König dann auf die Wanderschaft. Sein Weg führte ihn im ersten Teil der »Walze« in die Städte Leipzig, Wittenberg, Berlin, Lübeck und vor allem für fünf Jahre nach Hamburg. Ab 1810 wandte er sich ostwärts und durchzog die Städte Weimar, Leipzig, Dresden, Breslau, Graudenz, Danzig, Posen und Warschau. In Memel beantragte er die Einreiseerlaubnis für St. Petersburg. Nach Prüfung durch die russischen Einwanderungsbehörden in der damaligen Metropole erhielt er vier Wochen später den beantragten Paß, der ihm das Tor zu seinem zweiten Heimatland öffnete. Im Juni 1812 kam Johann Georg König in der damaligen Hauptstadt des Zarenreiches an.

Zur gleichen Zeit überschritt Napoleon den Njemen, um in das Innere des russischen Reiches vorzustoßen.

In St. Petersburg fand Johann Georg König Arbeit und Brot bei seinem späteren Schwiegervater, dem Bäckermeister Georg Weber, der 1804 aus Kassel an die Newa gewandert war und eine bereits gutgehende Bäckerei in der Nähe des Smolny-Klosters besaß. 1817 heiratete Johann Georg die älteste Tochter seines Arbeitgebers, die 1797 in Kassel geborene Gertrud Elisabeth. Lisinka, wie die Mutter Leopold Königs genannt wurde, war erst 1814 mit ihren drei jüngeren Schwestern zu ihrem Vater nach St. Petersburg gekommen. Als Halbwaise – ihre Mutter war kurz vor der Auswanderung des Vaters verstorben – hatte sie bei Verwandten harte Jugendjahre verbracht. Nun wurde sie in Haushalt und Geschäft des wiederverheirateten Vaters zu einer fast unersetzbaren Hilfe, weshalb es der strebsame Bäckermeister Weber noch einige Jahre zu verhindern wußte, daß sein fleißiger und umsichtiger Altgeselle Johann Georg König und seine energische und unternehmungslustige Tochter Lisinka heirateten. 1817 verhalf er endlich dem jungen Paar zu einer eigenen Existens, indem er ihm eine seiner Bäckerei-Filialen für 3500 Rubel verkaufte – ein Betrag, den sie jahrelang abbezahlten.

Johann Georg und Lisinka König brachten es im Laufe ihrer achtunddreißig Jahre dauernden Ehe mit Fleiß und Geschick zu einer gutgehenden Bäkkerei und einem eigenen Haus auf Wassilij Ostrow, dem von den deutschen Immigranten bevorzugten St. Petersburger Stadtteil.

Das Wesen beider Eltern, das des geradlinigen, bedächtigen, hilfsbereiten Vaters und das der tatkräftigen, wagemutigen und temperamentvollen Mutter, prägte die Atmosphäre dieses Handwerkerhaushalts. Mehr durch ihr Vorbild als durch bewußte Erziehungsmaßnahmen beeinflußten die Eltern ihre vier Jungen und zehn Mädchen. Für die Kinder wurde der nachfolgend vermerkte väterliche Wahlspruch ebenfalls richtungsweisend:

»Niemals wanken, niemals fallen,
laß mich sein ein Beispiel allen,
meinen Kindern, meinen Freunden,
wohltun laß mich selbst den Feinden!
Schließ der Sünde Herz und Sinnen:
laß mich jedem Netz entrinnen,
und bewahr die Seele rein,
laß sie deinen Tempel sein!«

Letztlich war der christliche Glaube die Lebenskraft für die Eltern Leopold Königs. Unter dem Einfluß des Evangelisten Johannes Goßner*, der 1820 während seines Aufenthalts in St. Petersburg

* Johannes Goßner, 1773–1858, katholischer Theologe, der zum Protestantismus übertrat, Gründer der Goßnerschen Mission in Berlin

in der dortigen Malteser-Kirche predigte, vertiefte sich ihre religiöse Grundhaltung. Von diesem Zeitpunkt ab strebten beide Eltern, vor allem aber Johann Georg König, noch intensiver nach einer verinnerlichten, stark gefühlsbetonten Christus- und Erlöserfrömmigkeit.

Die Kinder wuchsen in dieser pietistisch geprägten Atmosphäre auf. Gottesdienstbesuche in der Brüder-Kirche, Teilnahme an Liebesmahlen und -festen der Gemeinde, Andachtsstunden für Erwachsene und Kinder waren ihnen selbstverständlich. Zu Hause hatte das gemeinsame Gebet, das Singen der Goßnerschen Choräle, das Lesen aus dem Neuen Testament und das Erklären der sonntäglichen Predigten einen festen Platz im Tagesablauf der Familie.

»Unser Vater hat es verstanden, das Gebet ohne Unterlaß zu üben, denn ob arbeitend oder ruhend, ausgehend oder sich niederlegend war sein Herz bei seinem himmlischen Schatz«, urteilte Julie König.

Und doch war Johann Georg König durchaus auch weltlich gesinnt: ein erfolgreicher Bäckermeister, ein geachtetes Mitglied der Bäckerzunft und 1847 schließlich Besitzer einer Zuckerfabrik.

Die ausgeprägte religiöse Grundhaltung der Eltern forderte ein tugendhaftes Verhalten der Kinder. Von ihnen erwartete man Ehrfurcht vor dem Alter, Hilfsbereitschaft gegenüber jedermann, Achtung vor dem Nächsten, Gehorsam gegenüber den Erwachsenen und Mildtätigkeit, Aufrichtigkeit, Fleiß und Bescheidenheit. Daß aus ihnen angesehene Bürger – meist Handwerker oder Kaufleute –

wurden, glaubten die Kinder der Erziehung ihrer Eltern zu verdanken.

Der Stolz der ganzen Familie aber war der älteste Sohn, Leopold, der es vom Zuckersiedergesellen zu einem der erfolgreichsten Zuckerindustriellen und Großgrundbesitzer Rußlands brachte.

Eltern und Geschwister bewunderten seinen Ideenreichtum, sein unternehmerisches Geschick, seinen Mut, aber auch sein Maßhalten, sein soziales Engagement und seine Bescheidenheit. Äußerlich und innerlich seiner Mutter Lisinka ähnlich, war er ganz der Sohn nach ihrem Herzen. Er besaß wie sie den prüfenden Blick, die lebhafte Mimik und die raschen Bewegungen. Er war wie sie unternehmungslustig, erfindungsreich und durchsetzungsstark.

In der Familie hielten sich Anekdoten, die Phantasie und Mut des jungen Leopold bewiesen. So soll er als Zehnjähriger eines Tages mit aufgespanntem Regenschirm aus dem zweiten Stock des Elternhauses gesprungen und kaum verletzt auf dem Rasen vor dem Haus gelandet sein. Er habe, gab er zur Begründung an, davon gehört, daß man sich mit dem Fallschirm vom Himmel herabgleiten lassen könne, und sich ein ähnlich schönes Erlebnis durch den Fenstersprung versprochen.

Einen Beweis für seinen Mut lieferte er, als er als Vierzehnjähriger am Vorabend seiner Konfirmation seiner kleinen Schwester das Leben rettete. Als das Haus seiner Eltern in Brand geraten war, befreite er sie unter Einsatz seines Lebens aus den Flammen. Ohne Begleitung seiner Familie, die mit Aufräumungsarbeiten beschäftigt war, stand er am nächsten Morgen allein vor dem Altar. Nach der Einsegnung arbeitete er dann sofort an der Brandstelle wieder mit, um soviel wie möglich vom elterlichen Besitz zu retten. Und dennoch soll er sich nie enttäuscht über den Verlauf seiner Konfirmation geäußert haben.

Die Entscheidung, das Zuckersiederhandwerk zu erlernen, fällte Leopold König allein. Bei seiner guten zeichnerischen Begabung neigte er zunächst dazu, Baumeister zu werden, und nahm bereits Unterricht an der Akademie der Bildenden Künste. Eines Morgens jedoch überraschte er seine Eltern mit der Mitteilung, er wolle den Beruf des Zuckersieders ergreifen. Ganz sicher war er sich bewußt, daß mit diesem Handwerk gutes Geld zu verdienen war und selbst die kleinsten Betriebe für Besitzer oder Pächter so viel abwarfen, daß sie und ihre Familien ein angenehmes Leben führen konnten.

Da Leopold König sich nicht von seinem Vorhaben abbringen ließ, gab ihn sein Vater zu seinem Freund Karl Papmehl in die Lehre. Das Erlernen dieses Handwerks war damals außerordentlich beschwerlich und erforderte größte Körperkraft. Der importierte braune Rohzucker, der aus Zuckerrohr gewonnen worden war, wurde in großen Kesseln, den sogenannten Pfannen, erhitzt. Die Lehrjungen mußten die Masse mit Holzstangen so lange umrühren, bis sie zu einem zähen Brei geschmolzen war. Diesen bearbeitete man anschließend mehrere Male unter Zusätzen von Rinderblut, Kaltwasser und Knochenmehl und goß endlich das mehrmals gefilterte und gereinigte Produkt in die Zukkerhutformen.

Die Arbeitszeit eines Zuckersiederlehrlings dauerte damals von ein Uhr nachts bis sechs Uhr am folgenden Abend. Die Freunde Leopold Königs, die meist in Kontoren oder Läden ihre Lehrzeit absolvierten, konnten kaum verstehen, weshalb sich der junge Mann diese Strapazen aufgeladen hatte. Leopold König aber blieb guten Mutes. Er hatte das Ziel, ein großer Zuckersieder zu werden, und ließ sich nicht beirren. Mehr noch: In seiner Freizeit beschäftigte er sich mit den theoretischen Fragen seines zukünftigen Berufs und suchte nach Verbesserungsmöglichkeiten.

Mit seiner allen Neuerungen gegenüber aufgeschlossenen Mutter Lisinka versuchte er beispielsweise, Zucker aus geschnitzelten Rüben auf dem hauseigenen Küchenherd zu gewinnen. Daß nicht jede Rübenart hierzu geeignet ist, sondern man zur Zuckergewinnung die Zuckerrübe braucht, erfuhren die beiden bei diesem scheiternden Versuch.

Der frühe Tod seines Lehrherrn Karl Papmehl veränderte das Leben des damals zwanzigjährigen Gesellen. Leopold König suchte sich einen neuen Arbeitsplatz und wurde als Obermeister von dem russischen Großindustriellen Ponomarev eingestellt, bei dem er mehrere Jahre erfolgreich arbeitete.

Sein russischer Patron schätzte ihn. Trotz verlockender Angebote aus nah und fern verstand er es, ihn immer wieder zu halten. In diesen Jahren verdiente Leopold König bereits gutes Geld. Und er wußte, wie man angenehm lebt. Er kaufte sich beispielsweise eine Segeljacht und hielt sich ein Reitpferd. Er war ein begehrter Junggeselle, dessen schwungvolle, lebensbejahende Art gefiel.

1846 veränderte sich sein Privatleben. Karl Papmehl hatte, wie bereits berichtet, vor seinem Tod dem jungen Mann die Aufgabe übertragen, sich um seine fünf Kinder Alexander, Caroline, Eduard, Friedrich und Marie zu kümmern. Gemeinsam mit Caroline, der Ältesten, versuchte Leopold, dieser Aufgabe gerecht zu werden. Dem zarten, dunkelhaarigen, oftmals kränkelnden Mädchen war er von frühester Jugend an zugetan. Als Line siebzehn Jahre alt war, bat er sie, ihn zu heiraten. Ihr Zögern verblüffte ihn, damit hatte er nicht gerechnet. Entweder sie möge ihn oder sie möge ihn nicht, soll er geäußert haben. Sollte sie »nein« sagen, würde er nach England auswandern, wo ihm inzwischen vorteilhafte Stellungen angeboten worden waren.

Leopold König und Caroline Papmehl heirateten am 13. Januar 1846. Ihre Verbindung erwies sich ein Leben lang als beständig, harmonisch und glücklich. Dem Ehepaar wurden in seiner St. Petersburger Zeit von 1846 bis 1867 acht Kinder geboren, von denen die Söhne Karl, Leopold, Alexander und Friedrich am Leben blieben.

Zwei Jahre nach seiner Eheschließung gab Leopold König seine Stellung bei Ponomarev auf und machte sich selbständig. Ponomarev, der seinen jungen Mitarbeiter äußerst ungern verlor, soll gesagt haben: »Dieser Deutsche, ich kenne ihn, jetzt, ihr Herren, macht er noch vor uns seine Bücklinge, aber bald werden wir sie vor ihm machen müssen.«

Durch geschicktes Taktieren gelang es Leopold König, 1848 auf der Wiborger Seite eine Zuckerraffinerie zu kaufen, sie bald danach mit Gewinn zu verkaufen und die ehemals seinem Schwiegervater Papmehl gehörende Raffinerie zu pachten. Es machte sich bezahlt, daß er von der Pike auf gelernt hatte. Und bald wunderten sich die Großhändler St. Petersburgs, daß auffallend oft nach der Ware aus der Raffinerie Leopold Königs verlangt wurde.

In diesen Jahren wuchs Königs Kapitalkraft. Er besaß nun genügend Vermögen, um in günstigen Zeiten investieren, in ungünstigen abwarten zu können. Mehr und mehr wurde er zum erfolgreichen Handelsherrn. Als 1853 der Krimkrieg ausbrach, blockierten die Engländer die russischen Häfen und verhinderten so die Rohrzuckereinfuhr. Spekulanten trieben die Zuckerpreise in astronomische Höhen. Leopold König hielt zunächst bei dem allgemeinen Preisanstieg mit. Als die Notsituation aber skrupellos ausgenutzt wurde, verkaufte er als einziger seine Produkte zu vernünftigen Preisen. Beim plötzlichen Friedensschluß blieben die meisten Raffinerien auf ihren gehorteten Beständen sitzen. Leopold König aber konnte nun seine Lager zu besten Bedingungen auffüllen. Er hatte seine Konkurrenten überflügelt und den Grundstock zu seinem späteren riesigen Vermögen gelegt.

Doch nicht nur sein geschicktes Geschäftsgebaren führte ihn zum Erfolg. Mehr noch war es seine Fähigkeit, sich auf Neuerungen einzulassen, bereitwillig um- und hinzuzulernen, das einmal als richtig Erkannte auch in die Praxis umzusetzen.

1855 schiffte er sich nach Hamburg ein, um sich in der für die Zuckerindustrie damals bedeutenden deutschen Stadt umzusehen. Nach St. Petersburg zurückgekehrt, erwarb er eine große Fabrik in Puschkin, in der Nähe von Katharinenhof, und stellte sie auf Dampfbetrieb um. Das Zuckerkochen in Vakuumbehältern ersparte Arbeitskräfte und Heizmaterial. Der Zucker wurde besser ausgewertet, er war reiner raffiniert. Schnelleres Arbeiten und gesteigerte Leistungen waren das Ergebnis. Leopold König, der sich in der »Elbsiederei« mit allen technischen Vorgängen persönlich vertraut gemacht hatte, war nun in der Lage, seine Arbeiter gut anzuleiten.

In Rußland hatte sich in diesen Jahren der Zukkerrübenanbau aus kleinen Anfängen heraus hervorragend entwickelt und das Land von Einfuhren freigemacht. Die russische Zuckerindustrie nahm einen gewaltigen Auftrieb. Leopold König erwarb auf der Wiborger Seite neues Gelände und ließ darauf eine Zuckerraffinerie nach neuesten technischen Gesichtspunkten bauen. 1859 ging er dort zur Rübenverarbeitung über. In dieser Zeit wurde Leopold König in St. Petersburg zum einzigen Zukkerfabrikanten von Bedeutung.

Doch seine ständigen Erfolge machten ihn offenbar nicht hochmütig. Er mißbrauchte seine Macht nicht. Überliefert ist sein Ausspruch: »Mir ist nicht, als wäre es mein Eigentum, das ich besitze, mir ist, als wäre ich nur zum Verwalter darüber bestellt.« Mit seinen Angestellten und Arbeitern praktizierte er bereits in den fünfziger und sechziger Jahren des vorigen Jahrhunderts eine Art so-

Blick vom Herrenhaus zum Einfahrtstor der Fabrik König in St. Petersburg.

ziales Unternehmertum. Er kümmerte sich zum Beispiel persönlich darum, daß seine Arbeiter gut untergebracht waren und vernünftig verköstigt wurden; in Krankheitsfällen wurden sie richtig versorgt. Und er beteiligte seine Angestellten nach Möglichkeit im Verhältnis zu ihren Leistungen an den Geschäftserfolgen. Seinen Konkurrenten galt derartiges Verhalten als Laune eines reichen Mannes. Doch das Urteil der Umwelt störte Leopold König nicht. Meist war er frei von der Meinung anderer und ihr nur dann zugänglich, wenn er die Gründe akzeptieren konnte. Dann allerdings war er auch zur Korrektur seiner Ansichten bereit.

Der ausgeprägte soziale Sinn Leopold Königs trug Früchte. Zur Arbeit beim »sacharnij korol«

drängten sich die besten Kräfte. Man betrachtete es als eine Ehre, in seinen Werken tätig zu sein. Er konnte sich die Menschen aussuchen, die er beschäftigen wollte.
In der Geschäftsleitung brachte er vornehmlich Familienmitglieder unter. Brüder und Schwäger, später auch Neffen ordneten sich ihm, den Berichten zufolge, bereitwillig unter, vertrauten seinen Führungsqualitäten und arbeiteten in seinem Sinne. Leopold Königs Erfolg war sein unternehmerischer Mut, seine Geschicklichkeit und sein ausgeprägtes soziales Empfinden.

Auch im privaten Bereich blieb ihm das Glück treu. Seine Ehe mit Caroline Papmehl, das Familienleben mit den vier Söhnen war harmonisch und sorgenfrei. Die Königs wohnten auf eigenem Territorium in herrenhausartigen Wohn-Geschäftshäusern: den Winter in Katharinenhof, ganz in der Nähe der Zarenresidenz, den Sommer auf dem Fabrikgelände Wiborger Seite, einem traditionellen Arbeiter- und Industrievorort. Beide Besitzungen waren weitläufig und großzügig gestaltet und von Gärten und Treibhäusern umgeben.

Seinen Söhnen ließ Leopold König jeweils von den Gärtnern ein Stück Land zuweisen, das sie nach eigenem Gutdünken bebauen durften. Selbstverständlich hielt man Reitpferde und Jagdhunde. Auf beiden Besitzungen gab es gut ausgestattete Turn- und Spielplätze, an der großen Newa besaß die Familie ihr eigenes Badehaus.

Die großräumigen Wohn-Geschäftshäuser boten in dem für die private Nutzung bestimmten Teil genügend Platz nicht nur für die Familienmitglieder, sondern auch für die Hauslehrer, Erzieherinnen und Hausangestellten. Sie waren aber auch geeignet, die zahlreichen Verwandten aufzunehmen, die sich bei Weihnachts- und Osterfesten, bei Taufen, Konfirmationen, Hochzeiten und Geburtstagen in großem Kreis hier versammelten.

Der Familienzusammenhalt der Abkömmlinge deutscher Immigranten – der Bötz', Clemenz', Königs, Morawitz', Papmehls, Schmidts, Schultzes – war eng und herzlich. Diese deutschen Handwerkerfamilien, zumeist Bäcker und Zuckersieder, hatten ihren Platz in der Handwerkerschicht der russischen Hauptstadt gefunden. Sie waren russi-

Das Herrenhaus der Leopold Königschen Zuckerfabrik in St. Petersburg.

sche Staatsbürger und Mitglieder der Zünfte. Ungeachtet dieser Einbindung empfanden sie sich als Deutsche und hielten an den deutschen Sitten und Gebräuchen und im Familienkreis auch an der deutschen Sprache fest.

Das neue Vaterland hatte ihre Tüchtigkeit mit unvorhersehbarem Reichtum belohnt. Sie nützten ihn zu ihrem privaten Glück: zum Bau großzügiger Häuser, zum gehobenen Lebensstil, zu zahlreichen Reisen – meist fuhren mehrere Familien zusammen, immer wurde Personal mitgenommen. Bevorzugte Reiseziele waren der Rhein, die Riviera, der Schwarzwald, die Schweiz – und auch zur guten Ausbildung der Kinder.

Im Frühjahr 1868 ließen sich die Königs endgültig in der Coblenzerstrasse 127 nieder. Grundstück, Haus und Mobiliar, das »voll und ganz hervorragend schön eingerichtete Landhaus« gingen in ihren Besitz über. Die Ära König in Bonn begann und dauerte über dreißig Jahre.

Auch in diesen Jahren blieb der Familie das »Glück der Königs« treu. Hierfür waren neben den bereits oft zitierten Tugenden auch der Lauf der europäischen und speziell der Bonner Geschichte mitverantwortlich. Zum einen, weil die langanhaltende Friedenszeit zwischen 1871 und 1914 überall in Europa das Wohlergehen der Großbürgerschicht vermehrte, und zum anderen, weil Bonn von den sozialen Spannungen verschont blieb, die als Folge der Industrialisierung sonst in den größeren Städten spürbar wurden.

Auf das Bonn jener Jahre muß hier nochmals

eingegangen werden. Die Maxime der Stadt, die Industrie nicht zu fördern, hatte nicht verhindern können, daß der gewerblich-industrielle Bereich erheblich zunahm.

Dennoch blieb Bonn auch unter den Nachfolgern Leopold Kaufmanns, den Bürgermeistern Jakob Doetsch und Wilhelm Spiritus, vorwiegend eine Rentner-, Universitäts- und Garnisonstadt.

Die bedeutende Universität und die von gebildeten Bürgern verantworteten kulturellen Vereinigungen und Veranstaltungen ließen Bonn zum geistigen Mittelpunkt des Rheinlands werden. Die Anwesenheit von Mitgliedern des Kaiserhauses gab der Stadt besonderen Glanz. Die Wohlhabenheit Bonns – es gehörte zu den reichsten Städten Deutschlands – zog in- und ausländische Rentner an, die hier ihren Lebensabend zu verbringen hofften. Um im Kreis der Privatiers bestehen zu können, benötigte man Wohlstand, großzügigen Lebensstil und selbstverständlich Hochachtung vor den heiligen Werten der Bürger: Religion, Vaterland, Arbeit und Familie.

Von ihren materiellen Voraussetzungen und ihren Anschauungen her paßten die Königs also vorzüglich nach Bonn.

Mit dem Erwerb ihres neuen Familienwohnsitzes, der Villa König, wie die Bonner bald sagten, konnten sie zufrieden sein. Er lag an einer der schönsten Stellen des Rheinufers und gestattete den vollen Blick auf das romantische Siebengebirge. Der Besitz wurde zu dieser Zeit begrenzt: im Norden durch das Haus des Rentners Eduard Busch, im Süden durch das Haus des Kaufmanns

Loeschigk, hinter dessen Garten sich ein Feld- und Weinbergsgebiet anschloß, das bis zum 1870 eröffneten Eisenbahntrajekt Gronau-Oberkassel reichte; im Osten durch den Rhein, an dessen Ufer vor dem Haus im Sommer die »Husarenbadeanstalt« des 7. Husarenregiments festgemacht wurde, und im Westen durch den Godesberger Bach, einen künstlichen Flußlauf, der sich von Bad Godesberg bis zu einem Weiher im Hofgarten an der Coblenzerstrasse entlangzog. Erst 1890 wurde der Bach trockengelegt. Wo er einst verlief, führte dann von der Höhe des heutigen Bundeskanzleramtes ab auf der einen Seite eine Dampfeisenbahn nach Bad Godesberg und auf der anderen eine innerstädtische Pferdebahn zum Markt. Dem Besitz der Königs gegenüber stand eine Art Fuhrmannskneipe, die den Acker- und Wirtsleuten Peter Schmitz gehörte. Etwas weiter stadteinwärts befand sich die ehemals der Familie de Heus gehörende Villa, in die die Königs während des großen Umbaus ihres Hauses 1877/1878 zogen und sich dort wohlfühlten.

Im Laufe der Jahre erwarb Leopold König auf der anderen Seite der Coblenzerstrasse weiteren Besitz.

Das Haus selbst bewohnte die Familie entsprechend der bereits vorgegebenen Aufteilung: Im Souterrain befanden sich Küche und Wirtschaftsräume, im Parterre die Repräsentationsräume, Speise- und Wohnzimmer und der Arbeitsraum Leopold Königs, im ersten Stock die Schlaf- und Ankleideräume der Familie. Es ist anzunehmen, daß einige Hausangestellte im Obergeschoß schliefen. Sicher ist, daß Leopold König dem Obergärtner Pilling schon 1870 ein Pförtnerhaus am Grundstückseingang Coblenzerstrasse bauen ließ, das ihm auch als Wohnung diente.

Der Wechsel von der Newa an den Rhein veränderte die Lebensgewohnheiten eines jeden Familienmitglieds. Leopold König selbst veranlaßte er zu einem neuen Führungsstil. Hatte er sich in St. Petersburg immer intensiv um fast alle Entscheidungen in seinem Zuckerimperium gekümmert, bezog er von nun an nur noch bei den wichtigsten Fragen Stellung. Alltäglichkeiten überließ er seinen Statthaltern, vor allem seinem Bruder Georg, der sein volles Vertrauen besaß. In Bonn wurde geplant, was in St. Petersburg in die Tat umgesetzt wurde. Mehrmals im Jahr reiste deshalb Leopold König allein oder in Begleitung von Frau und Söhnen in die alte Heimat. Oft berief er auch seine Mitarbeiter nach Bonn.

Von 1874 ab erschloß sich Leopold König ein neues Interessen- und Aufgabengebiet. Der erfolgreiche Zuckersieder wurde zusätzlich zu einem der bedeutendsten Kolonisatoren Rußlands.

Der Deutsch-Französische Krieg von 1870/71 hatte, so berichtet Alexander Koenig, eine so vorteilhafte Konjunktur in der Zuckerbranche zur Folge, daß sein Vater überschüssiges Geld in Grund und Boden anlegen konnte. 1874 erwarb er daher sowohl das Gut Böckel bei Bünde in Westfalen als auch von den Nachfolgern des Fürsten Galizin mehrere große Güter und Zuckerfabriken in der Ukraine. Die riesigen Besitzungen wurden von dem Dorf Trostjanez und dem Gut Guty aus verwal-

Das Herrenhaus in Trostjanez in der Ukraine.

tet. Leopold König kaufte diese Besitzungen 1874 und 1881.

Ursprünglich hatte er die Absicht, hier im Kernland des russischen Zuckerrübenanbaus, die Rohprodukte für seine Raffinerien anzubauen. Bald aber faszinierte ihn die Vorstellung, die urtümlichen, noch kaum kultivierten Gebiete zwischen Kiew und Charkow auch mit Getreide und Kartoffeln zu bebauen. Er holte deutsche Landwirte und Forstleute ins Land und ließ die Sümpfe trockenlegen, die Flußläufe dämmen, die Felder und Wälder säubern, neu anlegen und aufforsten. Seine Bemühungen hatten Erfolg. Im Laufe der Jahre wurden aus den verwahrlosten Weide- und Sumpfgebieten blühende Felder, aus den urwaldähnlichen Wäldern gepflegte Forstgebiete. Auch die Malaria verschwand aus den Dörfern. Der riesige Besitz von 324 Quadratkilometern verwandelte sich in fruchtbares Land. Schließlich beschäftigte Leopold König in den Zuckerfabriken in Trostjanez und Guty und auf seinen Feldern zur Erntezeit oft mehr als zwanzigtausend Arbeiter.

Die russischen Bauern beobachteten zunächst mit Mißtrauen die Anstrengungen der Fremden. Je mehr sich aber Erfolge einstellten, um so mehr waren sie bereit, von den Ausländern zu lernen. Doch damit nicht genug. Leopold König ließ auf seinen Besitzungen auch Krankenanstalten bauen und sie von gut ausgebildeten Ärzten leiten. In Guty unterhielt er außerdem auf eigene Kosten eine Schule. Gegen den Willen der untergeordneten russischen Behörden hatte es sein Neffe und Administrator dieses Besitzes, Heinrich Weber, beim Kultusministerium durchgesetzt, daß die Bauernkinder rechnen, lesen und schreiben lernten.

In diesen Jahren erstarkte die Konkurrenz auf dem russischen Zuckermarkt. Leopold König büßte seine Vormachtstellung ein. Mit seinen kolonisatorischen Arbeiten aber hatte er neue, ihn außerordentlich befriedigende Aufgaben übernommen. Seine Besitzungen wurden als Mustergüter eingestuft. Die Ernennung zum Kaiserlich Russischen Wirklichen Staatsrat 1879 – so die Eintragung im Bonner Adreßbuch – war Ausdruck der öffentlichen Anerkennung.

Die neue Arbeitsverteilung zwischen St. Petersburg, Trostjanez und Bonn brachte es mit sich, daß sich Leopold König – war er in Bonn – stärker seinen privaten Interessensgebieten widmen konnte. Nun benutzte er die Mußezeiten dazu, Vorträge und allgemein verständliche Vorlesungen in Physik, Chemie und Geschichte zu hören, die von der Universität für interessierte Bürger angeboten wurden. Auch nahm Leopold König an den religiösen und vaterländischen Ereignissen in Bonn regen Anteil.

Seine streng christliche Erziehung hat ihn ein Leben lang beeinflußt. Auch in Bonn suchte und fand Leopold König sofort Zugang zu der damals noch kleinen protestantischen Gemeinde. Er wurde Mitglied des Presbyteriums und stand in freundschaftlicher Verbindung zu den Pastören Christlieb, Krabb und Wolters. Zum Bau der im hochgotischen Stil errichteten, dreischiffigen Neuen Evangelischen Kirche am heutigen Kaiserplatz soll er mit einer reichen Spende beigetragen haben. Selbstverständlich nahmen die Königs an den Einweihungsfeierlichkeiten am 18. Dezember 1871 teil. Zum offiziellen Festmahl in der Beethovenhalle aber wurden damals Frauen und Kinder nicht gebeten. Alexander Koenig berichtet, daß hierzu nur der Vater eingeladen worden war.

Den Bonnern war der sonntägliche Kirchgang der Familie ein vertrautes Bild: Leopold König ging mit seinen Söhnen zu Fuß über die Coblenzerstrasse bis zur Universitätskirche, während Caroline König, ihre Schwester Marie Papmehl und die jeweiligen Gästen den Weg in der Kutsche zurücklegten.

Die Kirche als Stätte der Begegnung und Integration bewährte sich.

Obwohl die Königs russische Staatsbürger waren, empfanden sie sich stets als Deutsche. Dieses Bewußtsein hinderte Leopold König jedoch nicht daran, seinem achtzehnjährigen Sohn Leopold zu verbieten, sich als Freiwilliger im Siebziger Krieg an die Front zu melden. Im Gegensatz zu dieser weisen Entscheidung steht seine Hochstimmung bei Kriegsereignissen und Siegesnachrichten. Alexander Koenig berichtet, wie sein Vater beim Ausbruch des Deutsch-Französischen Krieges mit seinen Söhnen auf den Bonner Bahnhof eilte und dort als Mitglied des Hilfskomitees Brot, Butter, Wurst und Schinken, alles mundgerecht zubereitet, an die zur Front berufenen Soldaten verteilte. Er erinnert sich, daß sein Vater am Sedanstag die Fahnen hissen, die blitzblanken Messingböller am Rhein aufstellen und Victoria schließen ließ, und darüber hinaus veranlaßte, daß anläßlich des Friedensschlusses im Frühjahr 1871 Dach und Gesimse des Hauses mit kleinen Lichtern versehen wurden. Dazu wurde der Garten mit unzähligen Lampions geschmückt und ein riesiges Feuerwerk abgebrannt. Zu Ehren dieser feenhaften Illumination hielten in der Nacht die Rundfahrtschiffe mehrmals vor dem Königschen Besitz. Die Besatzungen salutierten, feuerten Böllerschüsse ab und bliesen einen Tusch.

Diese Aktivitäten eines großen Steuerzahlers der Stadt blieben der Öffentlichkeit nicht verborgen. Die Zeitungen lobten bei der Schilderung der Siegesfeiern auch den prachtvollen Anblick der Villa

König. Alexander Koenig meint aus diesem Anlaß: »Natürlich tat dem Vater die Anerkennung wohl, da er bei derartigen Gelegenheiten sich gerne ganz gab und nicht nur die Kraft des geldlichen Könnens einsetzte, sondern vor allem stets ein glänzendes Geschick bewies, die Einzelheiten mit Liebe und Takt auszunutzen, um dem ganzen förderlich zu sein.«

Leopold König war also ein in Bonn hochangesehener Bürger. In seinem Haus verkehrten führende Geistliche der Evangelischen Kirche, Bonner Universitätsprofessoren, die wohlsituierte Nachbarschaft und hohe Verwaltungsbeamte. Sein flexibler Geist, seine Gewandtheit und natürlich auch der Ruf seines immensen Reichtums festigten seine gesellschaftliche Stellung. Über sein Vermögen und die Spekulationen, die sich daraus ergaben, soll er meist geschwiegen haben. Wie Alexander Koenig vermerkt, war ihm das Gerede darüber unangenehm, auch aus Steuergründen.

Von Anfang an hatte der neue Familienwohnsitz in Leopold König schöpferisch gestalterische Kräfte wachgerufen. Nicht umsonst hatte er in seiner Jugend Baumeister werden wollen und die St. Petersburger Akademie der Bildenden Künste besucht. Nun begann er, unterstützt von dem Hamburger Gartendirektor Jürgens und dem bekannten Bonner Architekten Otto Penner, mit der Veränderung des neuen Besitztums.

Gleich nach seinem Einzug 1869 ließ Leopold König Teile des vier Hektar großen Grundstücks familien- und jugendgerecht herrichten. Ein Obst- und Gemüsegarten wurde angelegt. Den Söhnen wurden eigene Beete gestattet, die sie unter Anleitung der Gärtner bestellen durften. Außerdem wurden Ställe für Reitpferde, Hunde, Seidenkaninchen, Meerschweinchen und das Federvieh gebaut. Auch ließ er einen Sport- und Spielplatz errichten, der mit zahlreichen Turngeräten ausgestattet war. Jeden Mittwoch- und Samstagnachmittag gegen 18 Uhr erhielten hier die Söhne und deren Freunde unter der Leitung des in Bonn renommierten Turnlehrers Schall Sportunterricht.

Von 1870 bis 1878 dauerte dann die große Umgestaltung des Besitzes. In diesen Jahren wurde der Garten neu angelegt, das Palmenhaus und das Portiershaus entstanden, die Fassade der Villa wurde verändert und sie selbst erweitert.

In Abstimmung mit Leopold König versuchte Gartendirektor Jürgens auf dem weitläufigen Gelände einen großzügigen Park zu gestalten. Vom Eingangstor an der Coblenzerstrasse aus führte eine Ulmenallee bis zur Mitte des Terrains. Hier stieß sie auf einen breiten Weg, der eine weite, sich vor der Villa ausbreitende bohnenförmige Rasenfläche umschloß. Diese Rasenfläche wurde durch Baumgruppen und einen Springbrunnen akzentuiert. Doch dienten weder dieser noch die anderen ähnlich gestalteten Teile des Parks ausschließlich der Repräsentation. Von Alexander Koenig wissen wir, daß die Kinder überall Kricket spielen und Reifen schlagen durften. Auch erlaubte es Leopold König seinem Sohn Alexander, im Springbrunnen seine Fischzucht zu betreiben.

Im kleineren, dem Rhein zugewandten Gartenteil lief ein Pfad geradewegs vom Haus aus über

Das Palmenhaus im Park der Villa König.

den Rasenabhang auf das Ufer zu. Leopold König ließ hier 1871 eine Basaltmauer errichten, die sein Grundstück vom Uferweg trennte. Der Bau der berühmten Nibelungengrotte aus Tuffstein in der Nähe der Ufermauer gehört ebenso in diese Zeit wie die Anlage des hiervon nur wenige Meter entfernten Aussichtsplätzchens mit den beiden Minikanonen zum Salutschießen und die Aufstellung der fünf Rokokofiguren aus Schloß Sanssouci im Park.

1872 war der Bau des Palmenhauses vollendet. Von der Coblenzerstrasse aus gesehen befand es sich rechts neben der Villa. Zahlreiche technische

Einrichtungen im tiefliegenden Kellergeschoß garantierten Wasser und Wärme. Unter anderem bewirkten sie auch, daß das gesamte Anwesen König nun eine selbständige Wasserversorgung besaß. Das Palmenhaus war in einen kalten und einen warmen Bereich unterteilt. Im kleineren Warmbereich zog man bei gleichbleibenden Temperaturen das ganze Jahr über exotische Pflanzen. Der Kaltbereich – bestehend aus einer hohen Marmorhalle, dem Wintergarten, einem luxeriös ausgestatteten Salon, der später als Billardzimmer genutzt wurde, und einem Wohn- und Schlafappartement – diente vor allem der Geselligkeit.

Alexander Koenig fand, daß die Fassade des Palmenhauses mit den Kuppelglasdächern und dem riesigen sandsteinummäntelten und mit einer umlaufenden Galerie versehenen Schornstein überwältigend gewirkt habe. Die Zeitgenossen schlossen sich diesem Urteil an. Sie bewunderten vor allem den Wintergarten, der sich ab September mit Palmen und fremdländischen Pflanzen füllte, die bis dahin der Dekoration des Gartens gedient hatten. Die Gärtner verstanden es, hier eine südländische Atmosphäre zu zaubern, die die naßkalte mitteleuropäische Jahreszeit vergessen ließ.

Über die Festlichkeiten, die von nun an hier stattfanden – »die ganz im Grünen wogende Herren- und Damengesellschaft, beleuchtet von den magischen Gasflammen, die durch den reichen Behang der Prismengläser irisierend fielen«, sprach meist ganz Bonn.

Die Einweihung des Palmenhauses fand an Leopold Königs einundfünfzigstem Geburtstag 1872 statt. Nachmittags wurde im Familienkreis gefeiert und »Tee, Kaffee und Schokolade« gereicht. Abends war die Bonner Hautevolee geladen, die »unter den Klängen des Bonner Musikkorps auf dem mit Mettlacher Fliesen ausgelegten Boden des Wintergartens unter Darreichung köstlicher Erfrischungen ein Tänzchen« wagte.

In den Jahren 1877/78 ließ Leopold König dann das Haus von dem Bonner Architekten Otto Penner umgestalten. Damals erhielt es die Form, die sich im wesentlichen bis heute erhalten hat. Bei dem Umbau und der Erweiterung der Villa König wurden »die drei vordersten Schichten der Front (Koblenzer Straße) zu einem Mittelrisalit mit leicht tiefer sitzender Mittelzone zusammengefaßt: im Erd-

Die Villa König nach dem Umbau durch den Architekten Otto Penner.

geschoß eine Mitteltüre und zwei flankierende Fenster, im Obergeschoß eine Loggia mit drei Arkaden und Balustrade. Dem Obergeschoß wurde ein Mezzaningeschoß aufgesetzt. Die leicht vorgezogenen Seitenachsen des Mittelbaus wurden durch offen Turmaufbauten stark hervorgehoben. Darunter im ersten Obergeschoß zwei Nischen mit eingestellten Figuren. Auch die seitlichen Anbauten erhöhte man um ein Geschoß und erweiterte sie seitlich um die gleiche Länge. Den seitlichen Abschluß der Südseite bildete ein eingeschossiger Anbau mit Terrasse. Den gesamten Baukörper der jetzt vierschichtigen Front bekrönte eine Balustrade, deren Eckpunkte mit Vasen und Figuren besetzt waren.«* In Bonn sprach man damals davon, daß es Otto Penner mit Formen der Renaissance gelungen sei, dem Haus italienische Grandezza zu geben.

Betrachtet man aber die Fotografien vom Gutshaus in Trostijanez, das Fürst Galizin Anfang der dreißiger Jahre des vorigen Jahrhunderts im antiken Stil erbauen ließ, so scheint das ukrainische Gutshaus der Villa König in Bonn als Modell gedient zu haben.

Versuchte nicht Leopold König, der in der prunkvollen Zarenresidenz in St. Petersburg groß geworden und von deren barbarisch-schönem Stil geprägt war, mit den die Hausfassade beherrschen-

* Gisbert Knopp »Zur Geschichte der Villa Hammerschmidt«, Gutachten des Rheinischen Amts für Denkmalpflege, Abtei Brauweiler, 1976

den Türmchen, dem elegant ausgestatteten Palmenhaus, den Springbrunnen ein wenig St. Petersburger Atmosphäre an den Rhein zu bringen? Seine Integration in Bonn war zwar gelungen, doch das Heimweh nach St. Petersburg und ein Gefühl starker Zugehörigkeit zu seinem Heimatland Rußland war allem Anschein nach geblieben.

Im Gegensatz zu ihrem Mann hinterließ Caroline König in Bonn keine sichtbaren Spuren. Für uns wird sie nur noch lebendig durch die Aufzeichnungen ihres Sohnes Alexander. Folgt man seinen Ausführungen, so brachte ihr der Umzug an den Rhein vor allem neue Lebensqualität. Nicht nur, daß ihr das weiche Bonner Klima wohltat, es erwies sich auch als entlastend, daß ihr neben dem Hauspersonal sowohl ihre ledige Schwester Marie Papmehl und von 1871 ab für mehrere Jahre die Hausdame Auguste Helfferich – Pastorentochter aus Württemberg und Schwester der späteren Schwiegertochter Julie – tatkräftig zur Seite standen. Von allen Haushaltspflichten weitgehend befreit, konnte sie sich um so intensiver um ihren Mann, ihre fünf Söhne – 1869 wurde in Bonn der von der gesamten Familie vergötterte Nachkömmling Julius geboren – aber auch um die zahlreichen Verwandten und Freunde kümmern.

Caroline König lebte familienbezogen, so wie es für die meisten Frauen der großbürgerlichen Gesellschaftsschicht in dieser Zeit üblich war. Ihr rubelreicher Hintergrund verführte sie nicht zu Extravaganzen. Man gewinnt den Eindruck, daß der Haushalt zwar großzügig geführt wurde, die Ausgaben jedoch selten die in dieser Schicht übliche Größenordnung überschritten. Nur wenn die St. Petersburger Verwandten und hier vor allem Georg König mit Frau Emilie an den Rhein kamen, ging es üppiger zu. Dann wurden Kutschfahrten an die Ahr oder in das Siebengebirge unternommen, dann reiste man mit Bahn oder Schiff nordwärts zum Einkauf nach Köln oder südwärts ins elegante Wiesbaden. Den Besuch dieser Verwandten und ihrer beiden Töchter Lollo und Lilly 1876 beschreibt Alexander Koenig folgendermaßen:

»Es ging in der Osterzeit hoch her in der schönen Villa am Rhein. Meine Eltern erkannte ich in der ihnen sonst so eigenen Einfachheit gar nicht wieder. Schnepfen und Fasane kamen auf den Tisch, die ältesten Rheinweinmarken wurden getrunken, die Sektpfropfen knallten, hochfeine Frisuren und Seidengewänder waren an der Tagesordnung. Ausfahrten wurden täglich gemacht ...«

Normalerweise ging es also in der Coblenzerstrasse schlichter zu, auch bei Besuch.

Alexander Koenig unterläßt es selten, auf die Einfachheit und Bescheidenheit seiner Eltern, vor allem der Mutter, hinzuweisen. Nie schildert er sie anders als zurückhaltend und ernst. Immer erfährt man, daß ihr ganzes Sinnen und Trachten auf das Wohlergehen ihrer Familie gerichtet war, und hier vor allem auf das ihrer Söhne.

Von heute aus fragt man nach den eigenen Wünschen, Plänen, Hoffnungen Caroline Königs. Doch damit trägt man vermutlich unpassende Überlegungen an sie heran. Caroline Papmehl war noch nicht achtzehn Jahre alt, als sie heiratete. Sie kam vielleicht gar nicht dazu, eigene Ideen zu ihrer Lebensgestaltung zu entwickeln. Es genügte ihr, das Leben ihres Mannes zu begleiten und ihren Kindern eine vorbildliche Mutter zu sein.

Im Prinzip herrschte bei den Königs das in Schillers »Lied von der Glocke« verherrlichte Familienmodell vom »draußen« wirkenden Mann und der »drinnen« waltenden Frau, »der Mutter der Kinder«. Durch den Umzug nach Bonn aber hatte sich die hier propagierte strenge Teilung in »männliche« und »weibliche« Aufgabengebiete überlebt. Leopold König fand nun mehr Zeit, sich auch um Familienangelegenheiten, vor allem um die Erziehung der Söhne, zu kümmern. Caroline König besaß zwar immer Mitspracherecht in dieser Ehe, doch die letzten Entscheidungen fällte ihr Mann. Selbst bei einer so unbedeutenden Frage wie beispielsweise nach der Anzahl der zum 13. Geburtstag des Sohnes Alexander 1871 einzuladenden Gäste wurde die Entscheidung des Vaters – hier schriftlich aus St. Petersburg – eingeholt. Dennoch oder gerade deshalb galt die Ehe von Caroline und Leopold König als glücklich. Sie gründete sich auf der Achtung und Liebe, die beide füreinander empfanden. Und – sehr einfach – Respektierung des patriarchalischen Prinzips.

Harmonie bestimmte auch das Verhältnis zu den Kindern. Von beiden Eltern erfuhren sie stets Aufmerksamkeit und Zuneigung. Vor allem Caroline König trat ihnen gegenüber stets verstehend, mitempfindend und hilfsbereit auf. Wurde es nötig, bezog sie sogar klare Gegenpositionen zu ihrem Mann.

In ihren Lebensgewohnheiten und Zielen glich die Familie König den Familien der Bonner Großbürger, zu deren Gesellschaftsschicht sie gehörte. Dennoch gab ihr der unermeßliche Reichtum – in Bonn sprach man von mehreren hundert Millionen Goldmark – eine Sonderstellung.

So entsprach es beispielsweise zu dieser Zeit den Gewohnheiten vermögender Damen wie Caroline König, öfter nach Homburg vor der Höhe, Bad Kreuznach oder Bad Münster am Stein zur Kur zu fahren. Um wieviel spektakulärer war es da bereits, wenn Caroline mit Mann, Kindern, St. Petersburger Verwandtschaft und Personal nach Frankreich, Italien, in die Schweiz oder nach Rußland aufbrach. Aber selbst in vergleichbaren Bonner Kreisen war es nicht alltäglich, daß Familien die Wintermonate in Cannes oder Menton verbrachten, sich an der Riviera Häuser mieteten und den heimatlichen Haushalt mit Hausangestellten und Hauslehrern dorthin verfrachteten, wie es die Königs in den Jahren 1873/74, 1884/85 und später noch öfter taten.

Auch waren, ohne daß dies beabsichtigt war, die Gesellschaften der Königs meist glanzvoller als in den Nachbarvillen am Rhein.

Doch – kein Familienuntergang à la Buddenbrooks.

Der Reichtum hat die Königs nach allem, was man weiß, nicht korrumpiert. Davor bewahrte sie die feste Verankerung im christlichen Glauben, die Hochschätzung von Arbeit und Leistung und das geordnete Familienleben.

Sowohl Caroline als auch Leopold König hatten

über die eigene glückliche Lebensgestaltung hinaus das Ziel, aus ihren fünf Söhnen tüchtige und erfolgreiche Menschen zu machen. Der Umzug an den Rhein war auch dadurch motiviert, daß bei ihnen das deutsche Bildungswesen mehr galt als das russische. Schon bevor die Familie nach Bonn übersiedelte, besuchten die beiden älteren Söhne Karl und Leopold zum Abschluß ihrer Schulausbildung von 1865 bis 1867 die Bendersche Knabenanstalt in Weinheim an der Bergstraße, und die beiden jüngeren wurden von einem deutschen Hauslehrer, Herrn Schlüter aus Berlin, in St. Petersburg unterrichtet.

Kaum in Bonn angesiedelt, versuchte Leopold König mit allen ihm zur Verfügung stehenden Mitteln, seinen Söhnen in deutschen Schulen und Hochschulen einen guten Platz zu sichern. Kein persönlicher Einsatz war ihm zu anstrengend, keine Ausgabe zu hoch, um die Umschulungs- und Eingliederungsschwierigkeiten seiner Kinder zu vermindern.

Den ältesten Sohn, Karl, ließ er privat von Dr. Israel, einem Kollegiumsmitglied der Benderschen Knabenanstalt, auf die Hochschulreife vorbereiten. Für den Sohn Leopold fand er einen Nachhilfelehrer, der ihm die fehlenden Kenntnisse in alten Sprachen beibringen sollte, Alexander und Friedrich trennte er von ihrem Hauslehrer Schlüter und schickte sie in die Privatschule von Dr. Brosis in der Weberstraße, damit sie sich an Kameraden gewöhnten. Später brachte er sie in dem renommierten Königlichen Gymnasium (heute Beethoven-Gymnasium), allerdings mit geringem Erfolg, unter.

Leopold König ging nicht nur seine unternehmerischen Ziele, sondern auch die Schulprobleme seiner Söhne mit Schwung und Energie an. Er orientierte sich über die besten Ausbildungsstätten, stellte den persönlichen Kontakt zu den Direktoren und Lehrern der Anstalten her, berichtete dort über die Schwierigkeiten seiner Kinder und ließ sie – möglichst in seiner Gegenwart – prüfen. Anschließend suchte er nach den erfolgversprechendsten Wegen und sorgte, falls nötig, für die energischsten Haus- und Nachhilfelehrer. Auch stellte er alle technischen Hilfsmittel zur Verfügung. Seiner Fürsorge konnte man nicht entgehen. So ließ er sich beispielsweise von den Nachhilfelehrern Alexanders und Friedrichs täglich schriftlich Rapport erstatten über die Fortschritte und den Leistungswillen seiner Söhne. Es wurden also nicht nur die Kinder, sondern auch die Lehrer überwacht.

Leopold Königs Vertrauen in Erziehung und Ausbildung muß grenzenlos gewesen sein. Vermutlich glaubte er deshalb so fest an deren Segnungen, weil er selbst weder eine besondere Schulausbildung noch gar Hochschulbildung genossen hatte. Wie sehr dieser Glaube ihn beherrschte, zeigt ein Beispiel aus der Bonner Anfangszeit. In den Sommerferien 1870 ließ er seine beiden jüngeren Söhne nicht unbeaufsichtigt, sondern engagierte einen Privatlehrer, der im Urlaub die richtige Mischung zwischen Erholung und Arbeit garantieren sollte. In diesem Fall muß es ein sehr umgänglicher Mensch gewesen sein, mit dem sich Alexander und Friedrich einverstanden zeigten, denn es heißt von ihm, daß er »sehr human mit uns verfuhr und neben den Anforderungen an Geist und Willenskraft auch mit uns turnte, spielte und sogar angelte.«

Mit dem Wechsel zwischen geistigen und körperlichen Anforderungen traf der Hauslehrer genau Leopold Königs pädagogische Vorstellungen, denn immer sorgte er sich auch um die körperliche Ertüchtigung seiner Söhne, die er für ebenso wichtig hielt wie geistiges Training. Deshalb richtete er ihnen Turn- und Spielplätze ein, hielt ihnen Reitpferde, ging persönlich mit ihnen in der Thiebe'schen Rheinbadeanstalt schwimmen und lehrte sie angeln und mit dem Gewehr umzugehen. Auch vergaß er die musische Erziehung nicht. Sehr zu ihrem Leidwesen erhielten die beiden jüngeren Söhne – selbstverständlich von den besten Lehrern Bonns – Klavier- und Gesangunterricht. Caroline und Leopold König erfreute es außerordentlich, wenn einer der beiden bei Nachmittagseinladungen etwas vorspielte oder anläßlich eines Geburtstagsfestes eine Gesangeinlage gab.

Leopold König war also ein Bilderbuchvater, wenn man seine Ziele schätzte und seine Methoden billigte. Wenn nicht, war das Leben mit ihm schwierig. Doch nur gelegentlich liest man in der »Autobiographie« Alexander Koenigs von eigener oder der Brüder Auflehnung gegen die als zu streng empfundenen Maßnahmen des Vaters und dessen Versuche, selbst bei erwachsenen Söhnen bestimmend zu wirken. Alles in allem aber überzeugte die Söhne die Fürsorge und Liebe, die dem Handeln Leopold Königs zugrunde lag.

Ganz generell wurden die Kinder dieser Epoche in der Achtung vor den Erwachsenen erzogen. Die Söhne König waren darüber hinaus von der Mustergültigkeit ihrer Eltern überzeugt und in Hochachtung vor deren Weisheit und Güte aufgewachsen. Selbstverständlich wurden die Eltern mit »Sie« angesprochen. Auch als die Söhne im Laufe der Jahre selbständig wurden, ihre Berufswahl trafen und eigene Familien gründeten, änderte sich ihr Verhalten gegenüber ihren Eltern nicht. Und die Schwiegertöchter – ausnahmslos von Caroline und Leopold König akzeptiert, ja freudig in die Familie aufgenommen – fügten sich in das familienbetonte Leben der Königs ein.

Für die Beziehungen der Söhne untereinander war der Altersunterschied entscheidend. Karl, der Älteste, war 1848 geboren – Julius, der Jüngste, 1869.

In den ersten Bonner Jahren beispielsweise besuchte Karl die Universität, absolvierte Leopold eine Kaufmannslehre in Bremen, waren Alexander und Friedrich zunächst Schüler am Königlichen Gymnasium in Bonn, später in verschiedenen Internaten, unter anderem in Burgsteinfurt, Schulpforta und Leipzig. Nur Julius, der »echte Rheinländer«, wie er sich nannte, lebte als bewunderter Nachkömmling über lange Jahre bei seinen Eltern in Bonn.

Der große Altersunterschied und die weit voneinander entfernt liegenden Aufenthaltsorte verhinderten, daß sich tiefergehende Gemeinsamkeiten, aber auch Konkurrenzdenken unter den Brüdern entwickeln konnten. Den Alltag erlebten sie selten miteinander. Immer waren es Feiertage und Familienfeste, zu denen sie sich in Bonn versammelten. Die Ausnahmesituation ließ kaum Konflikte aufkommen. Nach Alexander Koenigs Beobachtungen ging man offen miteinander um und war immer hilfsbereit untereinander.

Daß die fünf Söhne zu tatkräftigen, tüchtigen Erwachsenen wurden, verdankten sie neben dem eigenen Einsatz vor allem ihrem Vater. Mehr vielleicht als seine Erziehungsmaßnahmen hatten sein Fleiß, sein Weitblick und seine Geschicklichkeit sie beeindruckt. Und selbstverständlich muß beim Lebenserfolg der Söhne die großartige Mitgift berücksichtigt werden, die das väterliche Millionenvermögen darstellte. Welcher Vater ist schon in der Lage, beispielsweise seinem ältesten Sohn ein ertragreiches westfälisches Gut zur Bewirtschaftung zu überlassen? Wer kann seinem Zweitältesten die Leitung eines großen Industrieunternehmens in St. Petersburg anbieten? Wer den vierten Sohn auffordern, an der Verwaltung der riesigen ukrainischen Besitzungen mitzuarbeiten?

Der berühmteste der Söhne Leopold und Caroline Königs war Alexander, der noch heute unvergessene Ornithologe und Gründer des »Zoologischen Museums Alexander Koenig« an der Konrad-Adenauer-Allee 150–164 in Bonn. Als leidenschaftlicher Naturforscher, der von Kind an mit Hingabe Tiere beobachtete und sammelte, hat er das väterliche Erbe fast ausschließlich dazu benutzt, private Forschungsexpeditionen auszurichten und deren Ergebnisse wissenschaftlich niederzulegen. Seine ungewöhnlichen Sammlungen hat er schließlich in diesem Museum der Öffentlichkeit zugänglich gemacht.

1899 zog es den fast achtzigjährigen Leopold König in seine Heimat zurück. Nach dem Tod Caroline Königs im September 1894 in St. Petersburg fühlte er sich auf seinem rheinischen Besitz einsam und verkaufte das Anwesen an den St. Petersburger Geschäftsfreund, den Geheimen Kommerzienrat Rudolf Hammerschmidt.

In St. Petersburg wohnte er bis zu seinem Tod in seinem Besitz auf der Wiborger Seite im Kreise seiner Familie. Dort starb er kurz vor Weihnachten 1903. Es muß ein langsames Verlöschen gewesen

Alexander und Margarethe Koenig, um 1887.

sein, ein Abschiednehmen von Kindern und Enkeln, von Geschwistern, Nichten und Neffen. Sein Leichnam wurde in der Katharinenkirche auf der Basiliusinsel aufgebahrt. Noch einmal versammelten sich die Angestellten und Arbeiter um ihren Herrn. Auf dem Friedhof Wolkowo wurde er neben seiner Frau und seinen Eltern beigesetzt.

Bereits ein Jahr später gelang es Agitatoren, die Arbeiter der Königschen Fabriken in St. Petersburg in den Streik zu treiben, und 1905/06 mußten die Besitzungen in der Ukraine gegen den Ansturm der ersten revolutionären Kräfte verteidigt werden. Die Oktoberrevolution von 1917 nahm den Königs den gesamten russischen Besitz. Alles, was Johann Königs Handwerkerfleiß und Leopold Königs kaufmännisches Geschick aufgebaut hatten, ging verloren.

Doch auch das letzte Zeugnis vom Reichtum der Königs in Bonn, das »Zoologische Museum Alexander Koenig«, geriet in die Auswirkungen des Weltgeschehens. Nachdem 1914 der Rohbau des Gebäudes vollendet war, verzögerten der Erste Weltkrieg und die Nachkriegszeit die Fertigstellung.

Alexander Koenig verlor in der Inflation einen Großteil seines Vermögens, so daß er dem damaligen Deutschen Reich 1929 seine Sammlungen und das Gebäude übergab. 1934 endlich wurde das lange geplante Museum eröffnet.

Das glimpflich durch den Zweiten Weltkrieg gekommene einstige »Reichsmuseum« wurde vom Land Nordrhein-Westfalen übernommen und als selbständiges Institut 1970 dem Ministerium für Wissenschaft und Forschung unterstellt.

Fassade des Museums Alexander Koenig 1948. Vorfahrt der Mitglieder des Parlamentarischen Rats.

Eröffnungssitzung des Parlamentarischen Rats im Lichthof des Museums Alexander Koenig am 1. September 1948.

In der unmittelbaren Nachkriegszeit kam das »Zoologische Museum Alexander Koenig« als einziges erhaltenes repräsentatives Haus in Bonn zu hohen Ehren. In seinem Lichthof trat am 1. September 1948 der Parlamentarische Rat zu seiner feierlichen Eröffnungssitzung zusammen. Von hier aus nahm Konrad Adenauer in der Anfangszeit der jungen Bundesrepublik seine Amtsgeschäfte wahr.

Heute folgt das Haus wieder dem von Alexander Koenig gewiesenen Weg: Der Wissenschaft und dem Volke zu dienen. Doch es erinnert auch für immer an den Stifter und dessen Familie.

Einunddreißig Jahre lang gehörte die weiße Villa am Rhein den Königs. In diesen einunddreißig Jahren hatte sie viele Funktionen:

– Sie war Verwaltungszentrale für die russischen Besitzungen.

– Sie war Familienhotel für die zahlreiche Verwandtschaft.

– Sie war Stätte für Familienfeste und Bonner Geselligkeiten.

Vor allem aber war sie der Familienwohnsitz, der für Leopold und Caroline König und deren Kinder ein wahres Refugium darstellte.

Die Villa Hammerschmidt im Besitz der Familie Hammerschmidt

Von Liselotte Hammerschmidt

Gewidmet meinem Mann
Rudolf Hammerschmidt, dem Enkel des
Kommerzienrates Rudolf Hammerschmidt.

»Es ist sicher eine schöne Sache,
aus gutem Hause zu sein,
aber das Verdienst gebührt den Vorfahren.«

Plutarch (1. Jh. n. Chr.)

Als der Königlich Preußische Geheime Kommerzienrat Rudolf Hammerschmidt 1899 die Villa an der Coblenzer Straße 135 in Bonn kaufte, ahnte er nicht, daß sein Name und der des Hauses, für ein Jahrhundert eng miteinander verknüpft, zum Symbol der Bundesrepublik Deutschland werden sollten.

Wie der Vorbesitzer des Hauses, Leopold König, kam auch Rudolf Hammerschmidt aus St. Petersburg, wo er drei Jahrzehnte in der russischen Baumwollindustrie maßgeblich mitgewirkt und an der Verbesserung und Entwicklung der Fabrikindustrie mitgearbeitet hatte. Rudolf Bernhardowitsch Hammerschmidt war Inhaber der Nevsky Nähgarnmanufaktur in St. Petersburg, Wiborger Ufer 19, und Miteigentümer der Narva Flachsmanufaktur in Reval am Katharinakanal 34 sowie diversen anderen Unternehmen, unter anderem der Zeche SATURN im oberschlesischen Sosnowitz.

Der Geheime Kommerzienrat war zu der Zeit, als er das prächtige Haus mit Grundstück an der Coblenzer Straße erwarb, ein erfolgreicher Industrieller, der hier eine Zuflucht suchte – er nannte das Haus sein »tusculum« –, um sich von Zeit zu Zeit von seinen weitverzweigten industriellen Unternehmen auszuruhen. Seinen Wohnsitz in St. Petersburg behielt er bis kurz vor der Russischen Revolution bei.

Die Hammerschmidts sind eine alte westfälische Familie. Wie der Name sagt, waren sie ursprünglich Hammerschmiede. Sie stammen aus Plettenberg im Sauerland, wo Rudolf Hammerschmidts Großvater, Hermann Heinrich, 1782 geboren, eine Papierfabrik besaß und auch an Webereien beteiligt war. Früh hatte er die Schwierigkeiten zu spüren bekommen, die sich durch die maschinelle Konkurrenz in dem ausschließlich handbetriebenen deutschen Webergewerbe jener Zeit einstellten.

Sein Sohn Bernhard wurde 1821 in Papiermühle bei Rönkhausen in Westfalen geboren. Er war anfangs als Lehrer tätig und außerdem Organist an der Reinoldikirche in Dortmund. Aus seiner Ehe mit Henriette Luise Eichelberg, geboren 1821 in Hagen in Westfalen, gingen ein Sohn und vier

Töchter hervor. Rudolf war das dritte der fünf Kinder und kam am 19. Juli 1853 in Dortmund zur Welt. Später zog die Familie nach Bielefeld, wo Vater Bernhard Hammerschmidt in einem Haus am Oberen Torwall unweit des Jahnplatzes einen Leinenhandel eröffnete.

Rudolf entwickelte sich in diesen Jahren zu einem Knaben von freundlicher Wesensart, war aufgeschlossen und sehr begabt. Seine Gestalt war zart und feingliedrig, seine Augen von leuchtendem Blau. Die vier Schwestern neckten ihn oft. Die älteren wollten ihn unaufhörlich bemuttern, und die jüngeren hänselten ihn deswegen, doch Rudolf ließ sich von seinen Schwestern nicht gängeln. Der ererbte westfälische Dickschädel zeigte sich schon in der Kinderstube: Er setzte sich gegen sie durch. Bei einer einmal gefaßten Meinung blieb er, er war kein »Halm im Wind«, und alles, was er anpackte, verrichtete er gewissenhaft. Das schaffte ihm früh Respekt.

Im Königlichen Gymnasium zu Bielefeld hatte er keine Schwierigkeiten. Er war ein ausgezeichneter Schüler, lernte leicht und war fast immer Klassenbester. Nach Abschluß der Schulzeit trat Rudolf in das Geschäft seines Vaters ein.

Seit dem 15./16. Jahrhundert war Bielefeld das Zentrum der norddeutschen Garn- und Leinenherstellung, des Leinenhandels und der Wollweberei. So hatte der junge Hammerschmidt Gelegenheit, sich an Ort und Stelle in diese Branche einzuarbeiten und bald die rechte Hand seines Vaters in dessen umfangreicher Leinenhandlung zu werden.

Oftmals kamen Handelsleute nach Bielefeld, um

sich hier über den neuesten Stand der Leinenweberei zu orientieren. Dabei verbreiteten sie die Kunde, daß das russische Zarenreich jungen Handwerkern und Kaufleuten Chancen für raschen Verdienst und Aufstieg versprach. Manchen jungen Menschen zog es in die Städte Rußlands, hauptsächlich nach St. Petersburg, wo es bereits einen großen Kreis von Landsleuten mit eigenen kirchlichen und pädagogischen Einrichtungen gab. Nicht nur Kaufleute gelangten dort häufig in die Lage, Fabriken zu gründen oder zu erwerben, auch Handwerker wurden in vielen Fällen rasch zu Unternehmern. Im weiten Rußland verfügte man über mehr Wohnraum, sah sich nach einiger Zeit imstande, Grundbesitz zu erwerben, ein Stadt- sowie ein Landhaus zu kaufen, mehr Hauspersonal zu beschäftigen, als man das in Deutschland gekonnt hätte. Dieser verlockenden Aussicht, nach St. Petersburg zu reisen, konnte der junge Hammerschmidt nicht widerstehen, zumal sein Vater ihn in diesem weittragenden Entschluß ideell und finanziell unterstützte.

»Wem Gott will rechte Gunst erweisen, den schickt er in die weite Welt«, wußte schon Eichendorff. Gunst und Glück wurden Rudolf in hohem Maße beschieden, als er sich 1876, dreiundzwanzigjährig, auf die Reise nach St. Petersburg machte, um seine im väterlichen Geschäft erworbenen Kenntnisse im Leinen- und Baumwollhandel in Rußland zu praktizieren und zu erweitern. Das war der Anfang einer glänzenden Laufbahn. Fleiß, Begabung und ein starker Wille zum Erfolg halfen ihm, schnell voranzukommen.

Die Baumwollindustrie in Rußland hatte ihre Anfänge um die Mitte des 18. Jahrhunderts in Mittelrußland im Gouvernement Wladimir. Weben war zunächst ein bäuerliches Gewerbe. Die Gutsherren veranlaßten die leibeigenen Bauern, in ihren Hütten handbetriebene Webstühle aufzustellen. Die Garne wurden aus Indien geliefert und waren von bescheidener Qualität. Doch die Stoffe genügten den bäuerlichen Ansprüchen.

Ausländische Unternehmer, die später durch die russische Regierung zur Einwanderung ermuntert wurden, brachten technische Neuerungen wie mechanische Webstühle mit. Auch wurden die Garne nun aus England importiert, das damals in der Welt in Preis und Qualität führend war. Um von der Garneinfuhr unabhängig zu werden, errichtete man auch in Rußland Baumwollspinnereien in Iwanow und besonders in Moskau. Die heimischen Betriebe wurden durch sehr hohe Einfuhrzölle geschützt.

Die Besetzung Rußlands durch Napoleon und insbesondere der Brand Moskaus 1812, der sämtliche Spinnereien dort und auch in der näheren Umgebung zerstörte, war für die Baumwollindustrie ein schwerer Schlag, von dem sie sich erst nach etwa zehn Jahren erholte. In den Jahren ab 1830 verlegte sich die Baumwollindustrie wegen der größeren Kapitalkraft und des eigenen Hafens mehr und mehr nach St. Petersburg, denn die importierte Baumwolle kam überwiegend auf dem Wasserweg aus Amerika. Auch war die Qualifikation der Arbeiter in St. Petersburg erheblich besser als bei den mittelrussischen Betrieben, in denen hauptsächlich Bauern beschäftigt wurden, die nebenher noch Landarbeiten verrichten mußten.

Bei den Direktoren der St. Petersburger Spinnereien handelte es sich größtenteils um Engländer, die mit den neuesten Entwicklungen vertraut waren und somit die Betriebe ständig auf dem modernsten Stand halten konnten.

Es war seit Generationen üblich, in den Fabriken Kinder zu beschäftigen, und zwar in Tag- und Nachtarbeit. Erst 1845 wurde durch eine behördliche Anordnung Nachtarbeit für Kinder unter zwölf Jahren verboten. Da aber die Befolgung dieser Vorschrift nicht kontrolliert wurde und den Fabrikanten für Zuwiderhandlungen auch keine Strafen angedroht waren, blieb das Gesetz praktisch ohne Wirkung, zumal es im russischen Gesetzbuch auch nicht veröffentlicht wurde. Es dauerte noch eine ganze Weile, bis sich die sozialen Verhältnisse in den russischen Fabriken besserten.

Rudolf Bernhardowitsch Hammerschmidt sorgte später dafür, daß in seinen Betrieben weder Kinder- noch Nachtarbeit geleistet werden mußte. Zunächst aber gründete er die Firma »R. B. Hammerschmidt Manufakturwaren en gros und Agentur« im Gostiniy Dwor am Newski Prospekt 35. Er handelte mit Textilwaren im großen Handelshof und hatte bis 1915 dort ein Lager im Haus 76 und 77. Seit 1904 betrieb er Großhandel mit Wachstuch und Textilwaren. Das Gostiniy Dwor war die erste mehrstöckige »Ladenpassage« Rußlands. Das zweigeschossige Gebäude mit seinen umlaufenden Arkaden wurde 1785 nach einem Entwurf von Bartelomeo Rastrelli fertiggestellt. Später wurden in

Rußland nach diesem Muster Kaufhäuser errichtet. Die Geschäftslage war ausgezeichnet.

Rudolf Hammerschmidt hatte sich inzwischen zu einem gutaussehenden, stets korrekt gekleideten Kaufmann entwickelt. Sein glattes blondes Haar trug er rechts gescheitelt, dazu einen dem Zeitgeschmack entsprechenden »Kaiser-Wilhelm-Bart«. Mit durchdringenden blauen, wachen Augen betrachtete er prüfend und aufmerksam seine Umwelt. Seine hervorragenden Kenntnisse in der Branche und sein Unternehmergeist wurden geschätzt und brachten ihm hohes Ansehen.

Mittlerweile beherrschte er die russische Sprache perfekt und sprach neben seiner Muttersprache Deutsch fließend Englisch. Freundlichkeit, mit angeborener Zurückhaltung gepaart, dazu seine korrekte und zuverlässige Art, brachten ihm viel Sympathie und einflußreiche Freunde, vor allem auch unter seinen Landsleuten. Zu diesen gehörte der Inhaber der Hofbuchhandlung in St. Petersburg, Karl Albrecht Röttger, 1831 in Bergneustadt im Oberbergischen Kreis geboren. Er war nicht nur Inhaber der Kaiserlichen Hofbuchhandlung, sondern auch des Verlages Schmitzdorff, dessen Geschäfte er im Verlaufe von mehr als zwanzig Jahren führte.

Karl Albrecht Röttger ist die Herausgabe einiger periodischer Zeitschriften zu verdanken, insbesondere der »Russischen Revue«, die in deutscher Sprache über wirtschaftliches, kulturelles und gesellschaftliches Geschehen berichtete. Neben allgemeinen ökonomischen und statistischen Daten wurden die spezielle Lage einzelner Branchen er-

RUSSISCHE REVUE

VIERTELJAHRSSCHRIFT

FÜR DIE KUNDE RUSSLANDS

Herausgegeben

von

R. HAMMERSCHMIDT.

XXIX. BAND.

ST. PETERSBURG
Kaiserliche Hofbuchhandlung H. Schmitzdorff
1889.

örtert und kulturelle Veranstaltungen, Auktionen und Kunstausstellungen besprochen. Bekannte und unbekannte Schriftsteller konnten in dieser Zeitschrift Auszüge aus ihren Werken vorstellen. Röttger hat damit zahlreichen Werken der Literatur zur Verbreitung verholfen, die sonst nur einem elitären Kreis von Wissenschaftlern und Sammlern zugänglich gewesen wären. Die Schriftenreihe »Russische Revue« erschien von 1872 bis 1883 im monatlichen Rhythmus unter Röttgers Leitung, nach dessen Tod wurde sie von 1883 bis 1891 vierteljährlich von Rudolf Hammerschmidt betreut. Insgesamt erschienen 31 Halbfranzbände in den Jahren 1872 bis 1891. Röttger gab auch den »Russki Bazar« heraus, eine Zeitung für Anzeigen, Mobilien und Immobilien betreffend.

Außerdem ließ Kunstfreund Röttger im Laufe von zwanzig Jahren photographische Aufnahmen von Gemälden der besten Künstler, die in der Kaiserlichen Eremitage vertreten waren, anfertigen, um sie einem breiteren, interessierten Kreis zugänglich zu machen.

Die Freundschaft mit dem etwa zwanzig Jahre älteren Karl Albrecht Röttger brachte eine entscheidende Wende in das Leben des jungen Kaufmannes Rudolf Hammerschmidt. Aus der engen Verbindung mit dem weltgewandten, klugen Buch- und Kunsthändler und Verleger ergab sich ganz selbstverständlich, daß er dessen Tochter Minna Elisabeth kennenlernte, die im Jahre 1861 in St. Petersburg geboren und dort aufgewachsen war. Emilie, die Frau Röttgers, hatte den jungen sympathischen Rudolf Hammerschmidt mit mütterlicher Wärme und Klugheit bald in ihr Haus einbezogen. Hier traf sich an manchen Abenden ein erlesener Kreis Intellektueller, Schriftsteller, Maler, Fotografen und Musiker zu anregenden Gesprächen.

Der finanzielle und geistige Hintergrund der Familie Röttger gestattete eine vorzügliche Ausbildung ihrer Kinder. So hatte auch Elisabeth von früher Jugend an Unterricht durch die besten Hauslehrer und Gouvernanten in Russisch, Französisch und Deutsch erhalten. Sie war sehr musikalisch und spielte fast virtuos Klavier. Sie und ihr jüngerer Bruder Otto faßten Zuneigung zu dem etwas älteren Rudolf Hammerschmidt.

Mit der Zeit verwandelten sich die freundschaftlichen Gefühle Rudolfs zu Elisabeth in eine zart aufkeimende Liebe. Aus Elisabeth wurde zärtlich Lili. Das junge Mädchen war ganz das Ebenbild seiner Mutter, liebevoll, warmherzig und fürsorglich. Es war von zierlicher Gestalt und trug sein volles, mittelblondes Haar hochgekämmt, wie es die damalige Mode vorschrieb. Seine dunklen, fast schwarzen Augen strahlten Wärme aus.

Das Haus der Röttgers war geschmackvoll eingerichtet: seltene Teppiche, wertvolle Bilder, überall Bücher, darunter bibliophile Kostbarkeiten, antike Kommoden, erlesene Amphorenvasen mit spiralig gerollten Schlangenhenkeln, beachtenswerte Stücke der Kaiserlichen Porzellanmanufaktur St. Petersburg. Die Wände waren von riesigen Gobelins bedeckt.

Es herrschte großzügige Gastlichkeit bei aller

persönlichen Bescheidenheit. Diese zwanglose Atmosphäre beeindruckte den jungen Hammerschmidt. Er ging mit Ehrgeiz daran, seine geschäftlichen Verbindungen auszubauen, um einen ähnlichen Lebensstil zu erreichen.

Im Jahre 1882 nahm der inzwischen neunundzwanzigjährige Rudolf die zwanzigjährige Tochter des Hofbuch- und Kunsthändlers Röttger zur Frau. Lili blieb seine erste und einzige Liebe. Die Ehe mit ihr bedeutete für ihn auch die Aufnahme in die Kunst- und Literaturgesellschaft von St. Petersburg und legte den Grundstein für seine spätere Kunstsammlung. Der steile Anstieg seiner Karriere begann mit seiner Eheschließung.

Das gesellschaftliche Leben in St. Petersburg war zu jener Zeit sehr ausgeprägt, und die St. Petersburger Deutschen waren ungemein theaterfreudig. Es gab Gastspiele aller bedeutenden Ensembles aus Deutschland, und man darf annehmen, daß die Mitglieder der Familien Hammerschmidt und Röttger häufig Gäste des Deutschen Theaters gewesen sind.

Das gleiche gilt für großartige Konzerte russischer Komponisten. Eine Anzeige in der »St. Petersburger Zeitung« vom 22. Juni 1889 kündet eine große Vorstellung im Zoologischen Garten an.

Die seit 1727 ständig erscheinende »St. Petersburger Zeitung« war für Deutsche in Rußland bestimmt. Sie wurde von der Akademie der Wissenschaften herausgegeben und war Spiegel und Motor des kulturellen Lebens der St. Petersburger Deutschen.

Zoologischer Garten.

Heute Donnerstag den 22. Juni:

Grosse Vorstellung

und

Russischer Componisten-Abend

von **Theodor Franke.**

PROGRAMM:

Glinka — Ouverture zur Oper „Das Leben für den Zar".
Tschaikowski — „Jewgeni", Walzer.
Rubinstein — Introduction aus „Bal costume".
Serow — Frauentänze aus „Rogneda".
Glinka — Finale aus „Das Leben für den Zar".
Rubinstein — Ouverture zur Oper „Dmitri Donskoi".
Schubert — Ein Potpourri von Romanzen und Liedern russischer Componisten.
Ein Solo — vorgetragen von Herrn Hopp.
Glinka — Kamarinskaja.
Rubinstein — Valse caprice.
Russischer Carneval.

Vorstellung-Anfang 6½ Uhr.
Concert-Anfang 8 Uhr.

Rudolf Hammerschmidt und seiner Frau Lili wurde am 31. März 1883 in St. Petersburg als erstes Kind der Sohn Wilhelm geboren. Die große Freude darüber war überschattet durch die schwere Krankheit Karl Albrecht Röttgers, der noch im selben Jahr zur Kur nach Deutschland reisen mußte und von dort nicht mehr zurückkommen sollte. Am 23. März 1884 starb er in Wiesbaden.

Sein früher Tod löste tiefe Trauer aus und hinterließ eine schmerzliche Lücke in seiner Familie, bei seinen zahlreichen Freunden und im Kulturleben von St. Petersburg. Reichssekretär Alexander Alexandrowitsch Polovcov, der im Hof- und Gesellschaftsleben in den Jahren 1883 bis 1892 eine große Rolle spielte, veranlaßte, daß die Verdienste Karl Albrecht Röttgers für den Kultur- und Kunstbereich in St. Petersburg im »Russischen Biographischen Lexikon« festgeschrieben wurden.

Rudolf Hammerschmidt übernahm die hohe Verantwortung, das Lebenswerk seines Schwiegervaters fortzusetzen. Zunächst kaufte er die verwaiste Hofbuchhandlung Schmitzdorff, um seine Schwiegermutter finanziell abzusichern und das Geschäft für Röttgers Sohn Otto zu erhalten, der bei seinem Vater gelernt hatte und in diesen Jahren in London im Buchhandel tätig war. Er gab die Buchhandlung 1890/91 an Otto zurück.

Neben seinen industriellen Aktivitäten war Rudolf Hammerschmidt in den Jahren 1883 bis 1891 auch damit beschäftigt, verlegerisch tätig zu sein und weitere Bände der »Russischen Revue« herauszugeben. In einer Ausgabe der »Revue« von 1888 veröffentlichte er den in der Kunstchronik v. J. Norden erschienenen Briefwechsel von Jergew Uwarow (Russisch-Kaiserlicher Kammerjunker, dann »Wirkl. Staatsrath«) mit Johann Wolfgang von Goethe, gesammelt von Dr. Georg Schmid – eine deutsch-russische literarische Kostbarkeit.

Am 29. August 1885 wurde das zweite Kind des Kommerzienrates Rudolf Hammerschmidt und seiner Frau Lili in St. Petersburg geboren. Es war ein Mädchen, Louise Julie, genannt Lulu. Den Titel »Kommerzienrat« hatte ihm inzwischen der Manufakturrat verliehen.

Der jungen Mutter Lili ist es niemals schwer geworden, einem großen Hause vorzustehen, da sie ihre beiden Kinder sicher in der Obhut ihrer Njanja, ihrer Kinderfrau, wußte, die schon bei der Geburt des Sohnes eingestellt worden war. Die Kinder lernten von ihren Njanjas die ersten russischen Worte, lange bevor sie überhaupt ein Wort Deutsch sprachen. Außerdem verfügte Lili über ausreichendes Hauspersonal, so daß sie die immer häufiger werdenden gesellschaftlichen Verpflichtungen, die ihr als Frau eines Großkaufmannes zufielen, leicht bewältigen konnte.

Als Direktor der Narva Flachsmanufaktur, die sich noch im Besitz des Barons Stieglitz befand, war Rudolf Hammerschmidt häufig in Reval anwesend. Auf diesen Reisen entdeckte er die Schönheit der gegenüberliegenden finnischen Küste und erwarb dort an einem besonders reizvollen Fleckchen eine am Meer gelegene Datscha.

Es war in den Städten Rußlands eine für den Mittelstand selbstverständliche Sitte, die Sommermonate am Stadtrand oder in der näheren Umgebung zu verbringen, da die Hitze in den staubigen, heißen Straßen unerträglich war. Zu Beginn des Sommers reisten die Hammerschmidts deshalb mit den Kindern, der Njanja, einem Teil des Hauspersonals und einer Menge Gepäck nach Finnland. Lili Hammerschmidt, eine große Blumenliebhaberin, hatte mit Hilfe ihres geschickten Gärtners auf dem Grundstück einen Nutz- und Blumengarten angelegt, der, im nachmittäglichen Schattenbereich gelegen, von fahlblauen Hortensienbüschen begrenzt, dem kleinen Ort einen besonderen Zauber verlieh.

Später, als die Kinder älter waren, kamen Wilhelms Hauslehrer, die ihn in russischer und deutscher Geschichte, in Mathematik und Fremdsprachen unterrichteten, mit auf die Datscha. Hier lernte man die reizende Jenny Martinson, eine Finnin, kennen, die von nun an in der Familie lebte und im Hause mithalf, später sogar mit nach Deutschland zog. Alle nannten sie liebevoll »Schwänchen«, denn mit ihrem weizenblonden Haar, dem langen, schlanken Hals und dem keck erhobenen Köpfchen wirkte sie wie ein solches. In den späteren Jahren hatte Lulu eine französische Gouvernante, Madame de Percoussy, die sie zu einer perfekten Salondame erziehen sollte. Aber Lulu wollte weder ein Salonkind noch später eine Salondame sein, sie entwickelte mehr sportliche Ambitionen, spielte leidenschaftlich Tennis und liebte alles Natürliche.

Auf dem Sommersitz in Finnland hatte der Kommerzienrat endlich Zeit und Muße, seine vierteljährlich erscheinende »Russische Revue« vorzubereiten. Oft kamen Maler, Schriftsteller und Musiker zu Besuch, um im gemeinsamen Gedankenaustausch und langen, meist fruchtbaren Debatten ein neues Heft zu konzipieren. Auch las und musizierte man viel.

Abends setzte sich Lili oft ans Klavier und spielte Mazurken von Chopin und Stücke von Glinka. Das waren Stunden des Losgelöstseins für Rudolf, und er vergaß für eine kleine Weile seine Geschäfte, freute sich im Kreise seiner Familie und Freunde an dieser Idylle, an guten, alten Weinen, den schmackhaften Gerichten, die auf den reichgedeckten Tisch kamen, besonders wenn Gäste anwesend waren.

Es gab dann oft schwarzen und roten Kaviar, dazu Krimsekt, als Vorspeisen pikante Salate, Lachs, gefüllten Hecht, geräucherte Zunge, Bouillon mit kleinen Piroggen. Dazu trank man einen Meursault Perrière 1881. Das eigentliche Hauptgericht bestand meist aus Rindfleisch und jungen Hühnchen, Kartoffeln, Reis oder Teigwaren. Dazu wurde ein Steinberger Riesling, Spätlese 1876, serviert. Als Dessert gab es Watruschki (kleine Käsekuchen aus Hefeteig) mit frischen Himbeeren, Eis und süßes Gebäck.

Galina, die »Perle«, war eine exzellente Köchin. Serviert wurde von der reizenden Jenny. Zum klassischen Abschluß eines guten Essens gehörte stets eine Tasse Tee, heiß aus dem Samowar.

Wenn man später in Deutschland überhaupt je von dieser Zeit sprach, dann von den wundersamen Sommermonaten an der finnischen Küste, von dem Haus, von dessen Terrasse aus man das Meer sehen, riechen und hören konnte, und von »Lilis Werk«, dem von Jahr zu Jahr üppiger blühenden Garten.

Rudolf Hammerschmidts Aufstieg ist eng mit Alexander Alexandrowitsch Polovcov verknüpft. Dieser war von 1883 bis 1892 Reichssekretär und hatte in dieser Eigenschaft ständigen Kontakt zu Regierungsstellen und zum Zaren. Die Familie Polovcov entstammte dem ukrainischen Landadel und siedelte später nach St. Petersburg über, wo schon der Vater Alexander Alexandrowitschs in der höheren Ministerialbürokratie tätig war. Von Haus aus schon vermögend, wuchsen die finanziellen Mittel von A. A. Polovcov gewaltig durch seine Heirat mit der Pflegetochter des Barons Alexander Stieglitz, der bedeutende wirtschaftliche Unternehmen besaß und mit dem auch schon Rudolf Hammerschmidt in Reval zusammenarbeitete.

1884 wurde Polovcov der Kauf eines Kupferbergbaus und einer Kupferhütte im Ural angeboten. Er erwarb das Unternehmen auf den Namen seiner Frau. Kurz nach dieser Transaktion starb Baron Stieglitz, und Frau Polovcova fiel durch Erbschaft ein gewaltiges Industriekapital zu, vornehmlich im Textilsektor. Es handelte sich um Betriebe in St. Petersburg und Reval. Da Polovcov sehr mißtrauisch war, begann er, Männer seines Vertrauens in die Direktionen dieser Betriebe wählen zu lassen. Auf diese Weise wurde Rudolf Hammerschmidt sowohl Direktor der Nevsky Nähgarnmanufaktur in St. Petersburg als auch der Narva Flachsmanufaktur in Reval.

Die Geschäfte liefen gut, aber ein schottisches Syndikat sah seine Aktivitäten in Rußland beeinträchtigt, und es begann ein regelrechtes Dumping. Daraufhin zog Polovcov die Notbremse und ließ durch den Finanzminister Zollerhöhungen beschließen, wie er es übrigens schon 1885 gegen billige amerikanische Kupfereinfuhren praktiziert hatte. Doch der Schuß ging nach hinten los, denn die Schotten begannen in St. Petersburg mit dem Bau einer eigenen Fabrik. Nach zähen Verhandlungen mit den Schotten einigte sich Polovcov mit

Kommerzienrat Rudolf Hammerschmidt.

Die beiden Fabriken Nevsky Nähgarn-Manufaktur.

diesen Ende 1890 dahingehend, daß die beiden Garnfabriken in St. Petersburg vereinigt wurden. Das Angebot von Polovcov an die Schotten, die Spinnerei in St. Petersburg zu übernehmen, lehnten diese ab. Rudolf Hammerschmidt übernahm die Präsidentschaft und wurde Hauptaktionär der beiden Nevsky Nähgarnmanufakturen in St. Petersburg, die am Kalaschnikow-Quai 84 lagen.

Es war Polovcov daran gelegen, sich vor Zar Alexander III. als luxuriöser Gastgeber zu erweisen. Gelegenheit dazu gab ihm sein Landhaus im Waldgebiet zwischen Narva und Luga, wo er im Sommer 1890 die Begegnung zwischen dem russischen Zaren und dem deutschen Kaiser organisierte. Daran nahmen das Zarenpaar Alexander III. und Maria Fedorowna und Kaiser Wilhelm II. mit seinem Sohn Prinz Heinrich sowie zahlreiches Gefolge teil. Es ist anzunehmen, daß bei dieser Gelegenheit Rudolf Hammerschmidt aufgrund seiner Persönlichkeit und als qualifizierter Direktor und Mitarbeiter von Polovcov mit Kaiser Wilhelm II. bekannt geworden ist.

Bevor Rudolf Hammerschmidt im Jahre 1898 eine längere Reise nach Deutschland unternahm, hatte er auf einer Feier anläßlich der Rückkehr von Leopold König in dessen Haus in St. Petersburg erfahren, daß König seine Villa in Bonn verkaufen wollte. Da der Kommerzienrat einen festen Wohnsitz für sich und seine Familie in Deutschland suchte, verhandelte er bei dieser Gelegenheit mit König über den Ankauf des Bonner Besitztums und schloß eine Option ab.

Zunächst aber reiste er zu seinen Eltern nach

Bielefeld, die in diesem Jahr ihre Goldene Hochzeit feierten. Er konnte es sich leisten, ihnen ein fürstliches Geschenk zu machen: eine hübsche Villa an der Gütersloher Straße Nr. 17 a, die Architekt Pröth entworfen hatte.

Wenn sie auch nicht so viel von sich reden machte wie die im Jahr darauf erworbene berühmte Schwester, so trug sie doch denselben Namen: Villa Hammerschmidt. Obgleich nach dem Tode der Eltern Hammerschmidt ein häufiger Besitzerwechsel stattgefunden hat, blieb sie in Bielefeld wie die weiße Villa in Bonn die Villa Hammerschmidt.

In Bielefeld ist eine Straße nach Rudolf Hammerschmidt benannt, der sich durch reiche Stiftungen um die Altersversorgung und den Vaterländischen Frauenverein verdient gemacht hat. Die Hammerschmidtstraße verbindet die Dorotheen- mit der Leerstraße.

Im Anschluß daran reiste Rudolf Hammerschmidt im Herbst 1898 von Bielefeld nach Bonn voller Erwartung, die schöne Villa am Rhein erstmals in Augenschein zu nehmen. Er war beeindruckt von dem vier Hektar großen Park und dem prächtigen Baumbestand, hinzu kam noch die idyllische Lage des Hauses mit Blick auf den Rhein und das gegenüberliegende Siebengebirge.

Über die Ausstattung des weiträumigen Hauses hatte er seine eigenen Vorstellungen. Keinesfalls würde er die teilweise noch vorhandenen Möbel des Vorbesitzers König behalten, von dem er am 18. November 1899 durch Kaufvertrag die Villa zum Preise von 700000 Reichsmark, worin

Die Villa Hammerschmidt und ihre Umgebung. Unten der Blick zum Rhein.

Oben eine Allee im Park, unten ein Blick über den Park.

100000 RM für Mobilien enthalten waren, erworben hatte.

Für seine Frau Lili, die die Vorliebe für Botanik mit dem Vorbesitzer König teilte, waren der Park und das attraktive Palmenhaus ein reiches Betätigungsfeld für ihre kreative gärtnerische Gestaltungsgabe. Außerdem ließ Kommerzienrat Hammerschmidt an der Nordseite des Geländes weitere Gewächshäuser errichten, unter anderem für eine ausgedehnte Orchideenzucht, und einen Gemüsegarten.

Bei dieser Gelegenheit wurden auch die Villa und das Palmenhaus durch den überkuppelten Muschelbau miteinander verbunden, dessen Inneres mit Marmorböden, Muschelwerk, Goldmosaiken, Kristall-Lüstern und Bronzen eine reiche Ausstattung erhielt.

Unten: Das Palmenhaus im Park. Rechts: Das Orchideenhaus.

Rudolf Hammerschmidt hatte vorgesehen, daß sein Sohn Wilhelm im Juni 1900 das Gymnasium der St. Petrischule in St. Petersburg mit der Matura verlassen würde, um bereits im Sommersemester 1900 an der Universität Bonn mit dem Studium der Staatswissenschaften zu beginnen, wo auch die Söhne Kaiser Wilhelms II. studierten.

In Berlin hatte Humboldt 1810 die Universität gegründet, und Wilhelm II. und seine Söhne haben an der Spree residiert, aber studiert haben sie in Bonn. Das Epitheton der Bonner Alma mater war: »Fürstenhochschule, Prinzenuniversität.«

Für Lulu machte Rudolf Hammerschmidt eine geeignete Mädchenschule und für ihr geliebtes Hobby Tennis den exquisiten Tennis-Club auf dem Sportplatz des Bonner Eisclubs ausfindig. Das neue Domizil würde für alle Familienmitglieder reizvolle Akzente setzen. Rudolf Hammerschmidt reiste begeistert, den Kopf voller Pläne, nach St. Petersburg zurück, um seiner Familie von den großartigen, umwälzenden Neuerungen in ihrem künftigen Leben in Bonn zu berichten.

Der Königlich Preußische Geheime Kommerzienrat Rudolf Hammerschmidt – dieser Titel wurde ihm von Kaiser Wilhelm II. verliehen – hat mehr als ein Jahr dazu benötigt, sein »tusculum« entsprechend seinen Vorstellungen zu gestalten. Weitere bauliche Veränderungen an der Villa wurden kaum vorgenommen, dagegen bekam das Interieur des Hauses ein völlig anderes Aussehen: Ein späterer Rundgang durch das Haus vermittelt das anhand von Fotos sehr anschaulich.

Anfang Mai 1900 reisten Frau Lili Hammer-

Wilhelm Hammerschmidt als Corpsstudent in Bonn.

schmidt, Tochter Lulu und Sohn Wilhelm nach Bonn und bezogen ihr neues Haus am Rhein. Aus geschäftlichen Gründen folgte Rudolf Hammerschmidt erst 1901.

Entsprechend den väterlichen Wünschen bezog Sohn Wilhelm die Universität im Sommersemester 1900, widmete sich dem Studium der Staatswissenschaften und hörte neben einigen juristischen Kollegs vor allem die volkswirtschaftlichen Vorlesungen der Professoren Gothein und Dietzel. »Willy«, wie er genannt wurde, gehörte dem Corps HANSEA an.

1902 verließ er Bonn, um in Straßburg seine Studien fortzusetzen. Hier hörte er juristische und volkswirtschaftliche Vorlesungen bei verschiedenen Professoren. In den Mittelpunkt seines wissenschaftlichen Lebens trat Professor Georg Friedrich Knapp, der berühmte Vater von Elly Heuss-Knapp. Bei ihm promovierte er mit einer Arbeit über die »Geschichte der Baumwollindustrie in Rußland vor der Bauernemanzipation«. Er bestand dieses Examen mit Glanz.

1906 erschien die Abhandlung zur Erlangung der Doktorwürde von Wilhelm Hammerschmidt im Verlag von Karl J. Trübner in Straßburg.

Als Kommerzienrat Rudolf Hammerschmidt im April 1901 in die Coblenzer Straße einzog, brachte er bedeutende Kunstschätze von Auktionen in Rußland und Deutschland mit. Auf allen Kunstauktionen im In- und Ausland war er entweder persönlich oder durch Beauftragte vertreten. Kunsthändler gingen in der Villa Hammerschmidt ein und aus. Der kauffreudige Mäzen konnte im Laufe

Geschichte der Baumwollindustrie in Rußland vor der Bauernemanzipation.

Abhandlung

vorgelegt

der hohen rechts- und staatswissenschaftlichen Fakultät

der Kaiser Wilhelms-Universität zu Straßburg

zur Erlangung der Doktorwürde

von

Wilhelm Hammerschmidt.

Straßburg

Verlag von Karl J. Trübner

1906.

der Jahre eine Fülle von Kunstschätzen aus vielen Ländern in seinem Haus zusammentragen. In finanzieller Hinsicht brauchte er sich keinerlei Beschränkungen aufzuerlegen. Welcher Wertschätzung sich Rudolf Hammerschmidt als Sammler auch bei berufenen Vertretern der Kunstwissenschaft erfreute, mag die Tatsache beweisen, daß seine Sammlung in den von Paul Clemen herausgegebenen »Kunstdenkmäler der Rheinprovinz« beschrieben und gewürdigt wurde.

»Die SAMMLUNG des Herrn Kommerzienrates *Rudolf Hammerschmidt*, Coblenzer Straße 135, enthält vor allem eine ausgesuchte Kollektion guten *Porzellans* des 18. und 19. Jh. aus deutschen, französischen und russischen Fabriken. Unter den französischen Arbeiten ist das ältere *Sèvres*-Porzellan vortrefflich vertreten; zu nennen eine Tasse, tiefblau, mit goldenen Figuren von 1752, eine blaugoldene Schale, in Goldbronze montiert, ein ganzes hellblaues Service mit mythologischen Darstellungen. Von deutschem Porzellan ist eine Reihe von Prunkstücken aus *Meißen* zu nennen, vor allem ein großer Springbrunnen mit reichem Blumenschmuck, plastischen Gruppen und feinen Malereien. Auf dem reich mit Blumen geschmückten Fuß sitzen die vier Jahreszeiten, auf der großen flachen Schale drei Bucketts, wechselnd mit drei Darstellungen von Neriden mit Tritonen, Hypokampen, Delphinen, am Aufsatz die Jahreszeiten und drei Löwenköpfe, das obere Becken wieder mit drei Bucketts verziert, als Abschluß drei Köpfe (Fig.137). Dann ein Notentischchen aus Porzellan, auf der großen Platte ein ländliches Fest nach Terniers. Von größeren Gruppen die Allegorie auf den Frieden von Teschen v. Ende des 18. Jh. und das Opfer der Iphigenie.

Außerdem eine Reihe ausgezeichneter Einzelfigürchen. Daneben Porzellan von Berlin, Wien, Frankenthal, Höchst – unter dem älteren Berliner Porzellan eine Gruppe mit Herkules und Venus auf dem Wagen, unter dem Wiener eine blau-goldene Prunkterrine, um 1800, mit allegorischen Darstellungen und den vier Jahreszeiten. Außerdem russisches Porzellan aus der Fabrik Popoff und der Kaiserlichen Manufaktur in St. Petersburg. Weiterhin ein italienischer Marmorkamin des 16. Jh. von zwei Hermen, mit Löwenklauen gestützt.

Zwei große *Gobelins*, französische Arbeiten aus der Mitte des 18. Jh., 4,40 x 3,20 m groß, mit guten figürlichen Kompositionen (mythologische Darstellungen), die Borte mit Blumen, Vögeln und Früchten, ein dritter geteilt.

Im Park sind aufgestellt fünf aus Sanssouci stammende Sandstein-Figuren (vor 25 Jahren von dem früheren Eigentümer der Villa erworben): eine weibliche bekleidete Gestalt und ein jugendlicher Heros mit Helm; ein bocksfüßiger Pan, der die Flöte bläst, ihm zu Füßen ein Putto, ins Horn stoßend; eine nackte sitzende Nymphe, das Tambourin schlagend, ein Knäblein ihr zur Seite tänzelnd, endlich die Gruppe der drei Parzen, die eine hinten stehende Parze den Faden durchschneidend. Die drei letzteren Arbeiten sind fein empfundene und graziös bewegte Schöpfungen eines wohl französischen Bildhauers, aus der Mitte des 18. Jh.

Die Halle der Villa Hammerschmidt mit Durchblick ins Arbeitszimmer. Die Beine des japanischen Tisches sind in Form von Menschen geschnitzt.

Großer Kölnischer *Überbauschrank*, um 1630, in Eichenholz mit reicher Schnitzerei. An den Türen des Unterbaus die sitzenden Evangelisten Matthäus und Johannes. An den Türen des Oberbaus Lukas und Markus, als Mittelfüllung St. Jakobus major. Als Caryatiden Justitia und Spes. Aus der Sammlung Thewalt.«

Ein kleiner Rundgang durch die weiträumige Villa Hammerschmidt Anfang des 20. Jahrhunderts gibt einen bildhaften Überblick:

Als erstes betreten wir die große Halle, die beherrscht wird von einem großen runden japanischen Tisch aus Blackwood mit sechs geschnitzten Beinen in Form von Menschenfiguren, die untereinander verbunden sind mit durchbrochenen geschnitzten Laubwerksgehängen. Die Tischplatte ist aus weißem Marmor und wird von einer großen Alabasterschale geschmückt.

Die große Bibliothek war aus Nußbaum mit reichen Renaissanceschnitzereien angefertigt, der Schrank zweigeteilt mit einem Türdurchbruch. Außerdem gab es noch eine zweiteilige Bibliothek in Mahagoni. Die Bücherschränke faßten mehr als 1000 Bände: Alle Goethe- und Schillerausgaben von 1893, 31 Bände »Russische Revue«, sämtliche Heine-Ausgaben, alle Wissensgebiete der Kunst, Geschichte, Politik, Volkswirtschaft, Klassiker-Ausgaben des Bibliophilen Instituts über Arnim,

Der Französische Salon.

Oben das Eßzimmer mit dem großen Tisch und den französischen Gobelins. Unten das Frühstücks- oder Morgenzimmer mit dem italienischen Kamin.

Oben der zweite Französische Salon. Die Bezüge des Ensembles sind echte Aubusson-Wirkereien. Unten der Muschelsaal mit dem lebensgroßen Athleten aus Carrara-Marmor von dem Bildhauer Barcaglia.

Kleist, Lenau, Novalis, Rückert, Uhland; juristische Werke, Bücher über Orchideenkunde, Botanik- und Gartenkunde waren u.a. vertreten.

Die Wände des Französischen Salons bedeckten feine Seidentapeten und kostbare Bilder aus den Sammlungen des Kommerzienrates. Die Möblierung bestand aus einem runden Barocktisch und einer reichen Barock-Salon-Garnitur mit vergoldetem Rocaillen-Schnitzwerk auf grünem Grunde. Die Polsterung hatte ein rotgraues Seidendamastmuster, das Sofa, die beiden Fauteuils und vier Stühle waren mit demselben Damaststoff bezogen.

An dem großen Renaissance-Eßzimmer-Ausziehtisch hatten 20 Personen Platz. Er war aus Eichenholz mit reichgegliederten Fußteilen. Die Wände bedeckten riesige französische Gobelins, als besondere Kostbarkeit beschrieben von Paul Clemen in: »Die Kunstdenkmäler der Rheinprovinz«.

Im sogenannten Morgen- oder Frühstückszimmer stand der italienische Marmorkamin, ein besonders schönes Exemplar aus dem 16. Jahrhundert, von zwei Hermen mit Löwenklauen gestützt.

Recht zierlich und graziös wirkte der zweite Französische Aubusson-Salon, bestehend aus: Sofa, zwei Fauteuils und zwei passenden Stühlen, die Gestelle geschnitzt und vergoldet, die Polsterung mit echten Aubusson-Bezügen in Blumenmustern, dazu zwei zierliche Mahagoni-Glasvitrinen, bestückt mit kostbaren Sèvres- und Meißner-Porzellanfiguren.

Der Muschelsaal mit lebensgroßem Athlet aus Carrarischem Marmor von dem italienischen Bildhauer Barcaglia diente als Eingangshalle zum Palmenhaus.

Außerdem gab es ein häufig benutztes Musikzimmer mit einem großen Konzertflügel und einem Phonola zur Lautverstärkung bei größeren musikalischen Abendveranstaltungen. Als Kuriosität ein Notentischchen aus Porzellan, auf dessen Platte ein dörfliches Fest dargestellt war. Eine Kopie nach dem Niederländer Terniers (beschrieben von Paul Clemen).

Das Hauptfeld der Sammelleidenschaft von Rudolf Hammerschmidt lag auf dem Gebiet der Malerei alter und neuer Meister. Viele russische Gemälde des 19. Jahrhunderts erwarb er auf Auktionen in St. Petersburg und Moskau. Außerdem liebte er Bilder der Düsseldorfer Schule wie Achenbach, Defregger, Oeder, aber auch die alten Meister, hier vor allem die Holländer Ter Himpel und Koekkoek und den Italiener Canaletto.

Neben den von Paul Clemen in »Die Kunstdenkmäler der Rheinprovinz« aufgeführten Kunstgegenständen in der Villa Hammerschmidt befanden sich dort auch seltene und kostbare Teppiche der besten Provenienzen. Die Innenaufnahmen der Halle sowie der verschiedenen Salons veranschaulichen in etwa den repräsentativen, gediegenen Luxus, der alle Räume des weiten Hauses um die Jahrhundertwende und Anfang der 20er Jahre erfüllte.

Zu einem weiteren Sammelgebiet des Kommerzienrates gehörten Bildminiaturen niederländischer, französischer und deutscher Herkunft vom 17. bis zur Mitte des 19. Jahrhunderts, unter ihnen manches von höchstem Rang. Im weiten herrlichen Park, der ohnehin das größte Schmuckstück der Villa Hammerschmidt war, wie der erste Bundespräsident Heuss später feststellte, stand eine Gruppe »Die drei Parzen« – fein empfundene und graziös bewegte Schöpfungen eines wohl französischen Bildhauers um die Mitte des 18. Jahrhunderts.

Das nach Norden hin gelegene Nachbargrundstück mit der Großbürgervilla des Kaufmanns Loeschigk wurde ab Juni 1897 von dem Prinzenpaar Adolf und Victoria zu Schaumburg-Lippe bewohnt. Prinzessin Victoria war die Schwester Kaiser Wilhelms II., und mit ihr verband Kommerzienrat Rudolf Hammerschmidt eine gemeinsame Leidenschaft: das Sammeln kostbarer Kunstschätze.

Sie sind sich oft begegnet, auch dann, wenn Kaiser Wilhelm II. bei seiner Schwester, der er sehr zugetan war, zu Besuch in Bonn weilte. Bei einer solchen Gelegenheit hatte Kaiser Wilhelm II. Rudolf Hammerschmidt den Adelstitel angeboten, den er aber bescheiden mit den Worten ablehnte: »Ich fühle mich hochgeehrt, Majestät, aber ich will lieber der erste unter den Bürgern sein als der letzte unter den Adeligen.«

Weiter gehörte zum kulturell interessierten Kreis des Kommerzienrates Frau Charlotte Schumm-Walter, die Frau von Hermann Schumm, dem Generaldirektor der Motorenfabrik Deutz. In ihrem Hause trafen sich, wie auch in der Villa Hammerschmidt Ende der 90er Jahre und Anfang des 20. Jahrhunderts, zum geselligen Zirkel bildende Künstler und Schriftsteller wie Richard Dehmel,

Hermann Hesse, Alfred Lichtwark, Henry Thode, Hans Thoma mit Professoren der Universität und Angehörigen der führenden Bonner Familien, von Boeselager, Guillaume, Hammerschmidt, Soennekken und die damaligen Bürgermeister Spiritus und Wessel.

Als erfahrener und weit vorausschauender Unternehmer hatte Rudolf Hammerschmidt sein in einem Vierteljahrhundert in Rußland erarbeitetes Vermögen in stabilen Werten in Deutschland angelegt. Außer seinem »tusculum« in Bonn, das er 1899 gekauft hatte, erwarb er Anfang des 20. Jahrhunderts das Gut Depenau und die Nachbargüter Nettelau und Löhndorf in Holstein im Kreis Plön, die beiden letzteren, kleineren Güter wurden später wieder verkauft.

Das Gut Depenau umfaßte viertausend Morgen Ackerland und Wald, mit zum Viehbestand zählten zweihundert Kühe, hundert Schweine, zwanzig Arbeitspferde. Das Wohnhaus für den Gutsbesitzer, das sogenannte Schloß, ließ Rudolf Hammerschmidt nach eigenen Entwürfen zeitgemäß umbauen. Die Stallungen, die Scheunen sowie die Verwaltungsgebäude wurden entweder restauriert oder neu gebaut, ebenso der Kornspeicher und die Wohnungen für siebzig Arbeiter. Außerdem besaß das Gut eine einklassige Schule für die Kinder der Arbeiter und Gutsangestellten. Auch gehörte eine Meierei und der sechshundert Morgen große Stolpersee, der sehr fischreich war und sich ausgezeichnet zum Fang von Aalen, Hechten und Schleien eignete, zum Gut.

Unmittelbar am See, wo das Flüßchen Aue aus

Oben das Bürohaus auf Gut Depenau. Unten die Geflügelfarm mit dem Taubenturm.

Oben der Pferdestall mit Turm und Uhr. Unten ein Blick auf den Stolper See.

dem See trat und durch Gut Depenau in den Postsee weiterfloß, stand eine Mühle, die damals noch in Betrieb war. Für alle Enkel waren der See und seine Umgebung später ein besonders reizvoller, idyllischer Spiel- und Badeplatz.

Die östlich von Depenau gelegenen Nachbargüter waren Gut Horst und Gut Bundhorst. Der Besitzer von Gut Bundhorst war später Wolf-Friedrich Reichsgraf von Dürckheim Montmartin, der 1933 Gerda, die Enkelin des Kommerzienrats Rudolf Hammerschmidt, heiratete.

Das Leben in der Villa Hammerschmidt setzte auch für Tochter Lulu ganz neue Akzente. Sie war fünfzehn Jahre alt, als sie mit ihren Eltern in die Villa an der Coblenzer Straße zog. Lulu besuchte eine private Mädchenschule und hatte dort keine Anpassungsschwierigkeiten, da ihr offenes und natürliches Wesen ihr bald Sympathien einbrachte. Sie war fröhlichen Gemüts und liebte wie ihre Mutter die Musik und die Gärtnerei. Lulus Kleidung war unauffällig. Sie achtete stets darauf, ihre Klassenkameradinnen nicht durch Extravaganz auszustechen. In Sport war sie die Beste, und durch den Bonner Tennisclub gewann sie nicht nur weitere Freunde und Sportkameraden, sondern später sogar ihren Ehemann.

Durch den Umzug von St. Petersburg nach Bonn hatte Lulu den Konfirmationsunterricht abbrechen müssen. Anfang Januar 1902 reiste Familie Hammerschmidt ohne Sohn Wilhelm, der zu dieser Zeit in Bonn studierte, nach St. Petersburg, um Lulus Konfirmation nachzuholen.

Kutscher Küppers brachte sie zum Bonner Bahnhof. Man fuhr im Schlafwagen bis Berlin, wo bei Verwandten kurz Station gemacht wurde. Weiter ging die Reise nach Wirballen. Hier war Grenz- und Zollkontrolle, und man mußte in russische Waggons umsteigen, die eine größere Spurweite haben. Das alles nahm volle zwei Stunden in Anspruch. Dann fuhr man weiter über Wilna nach St. Petersburg. Zwei Tage und zwei Nächte benötigte man damals, heute schafft man die Reise wesentlich bequemer und spart etwa zehn Stunden Zeit. Aber zwei Stunden Aufenthalt an der Grenze, die heute Grodnow ist, hat man immer noch.

Für den Kommerzienrat waren es neben der Konfirmation auch weitreichende geschäftliche Aufgaben, die ihn zu dieser Reise veranlaßten. Der St. Petersburger »Verein zur Förderung, Verbesserung und Entwicklung der Fabrikindustrie« hatte ihn 1901 zum Vizepräsidenten gewählt. Außerdem war er Direktor der »Schule für die Kinder der Arbeiter der Kaiserlichen Technischen Gesellschaft« geworden. Für die Verbesserung des Produktionsablaufes in seinen beiden Fabriken der Nevsky Nähgarnmanufaktur mußten organisatorische Fragen geregelt werden.

Während Rudolf Hammerschmidt seinen Geschäften nachging, bereiteten Mutter und Tochter das Fest der Konfirmation für Luise-Julie vor, das am 7. April 1902 in der reformierten Kirche stattfinden sollte. Die Kirche lag in der Nähe des Verwaltungsgebäudes der Nevsky Nähgarnmanufaktur am Mojka-Quai 84, während das Stadtpalais der Hammerschmidts sich am Mojka-Quai 104 befand. Übrigens: Mojka-Quai 94 war eine berühmte Adresse, dort stand auch das Palais der Fürsten Jussupow, in dem die Rasputin-Tragödie endete.

Die Konfirmation nahm Pastor Gelderblom vor, der Sekretär des Kirchenrats war und als solcher vom Großvater des berühmten Professor Dr. Erik Amburger berufen wurde. Gelderblom war eng befreundet mit den Eltern Amburgers. Von der kirchlichen Zeremonie und dem Fest im Kreise der Familie und den Freunden gibt es leider keine Überlieferung, außer den Angaben in einem Jahresbericht der Deutsch-Reformierten Gemeinde St. Petersburg.

Während Rudolf Hammerschmidt noch länger geschäftlich in St. Petersburg weilte, fuhren seine Frau und Tochter zurück nach Bonn.

Lulu war eine passionierte Tennisspielerin und traf sich regelmäßig mit Töchtern und Söhnen der oberen Gesellschaftsschicht Bonns im exklusiven Tennisclub auf dem Sportplatz des Eisclubs. Obwohl der »Bonner Lawn-Tennis-Club« erst 1905 gegründet wurde, spielte man hier schon in den 90er Jahren Tennis. Das Bonner Turnier zählte ab 1902 zu den führenden in Deutschland.

Es war nicht selten, daß sich bei Turnieren und Bällen im Clubhaus junge Leute zum Bund fürs Leben fanden. Hier lernten sich auch Lulu und Hans Wolff, der aus einer Krefelder Kaufmannsfamilie stammte und in Bonn Jura studierte, kennen. Lulu, gerade zwanzig, wußte genau, was sie wollte. Diesen jungen Mann, hochgewachsen und blendend aussehend, charmant, witzig, den wollte sie. Außerdem war er ein hervorragender Tennisspieler.

Hans Wolff fand bald herzliche Aufnahme in der Villa Hammerschmidt, und zwischen ihm und dem gerade promovierten und aus Straßburg zurückgekehrten Dr. Wilhelm Hammerschmidt, der etwa im gleichen Alter war, entwickelte sich im Laufe der Zeit ein kameradschaftlich-schwägerliches Verhältnis.

Am 8. Juli 1906 feierte man in der Villa Hammerschmidt die Hochzeit von Hans Wolff und Lulu. Sie waren ein schönes Paar.

Die Vorbereitungen zu diesem Fest nahmen mehr als eine Woche in Anspruch. Das große Haus wurde festlich hergerichtet. Das Menü besprach Mutter Lili sorgfältig in allen Einzelheiten mit der Köchin Marie.

Das große Eßzimmer konnte zwanzig Personen aufnehmen. Die Festtafel war mit einer venezianischen Spitzendecke dekoriert und edles Tafelgeschirr – weiß-kobaltblau mit Goldverzierung und goldenem Monogramm – aufgedeckt. Alle Bestecke waren aus schwerem russischem Silber und mit dem gleichen Monogramm versehen, das von Rudolf Hammerschmidt eigens entworfen worden war und wie ein Familienwappen alles kostbare Silbergerät im Hause zierte. Silber und Kristallgläser funkelten im Schein der Kerzen, die in zwei fünfarmigen Leuchtern den Tisch schmückten. Lila-gelbe Orchideen aus dem eigenen Treibhaus lagen vor jedem Gedeck. Der Ideenreichtum der Gastgeberin hatte ein kleines Kunstwerk auf die Festtafel gezaubert.

Unter den Hochzeitsgästen befanden sich die Königlichen Hoheiten, das Prinzenpaar Adolf und

Victoria zu Schaumburg-Lippe, die Nachbarn Geheimer Kommerzienrat Gustav Selve mit Frau, Geheimer Kommerzienrat Friedrich Soennecken mit Frau sowie deren Tochter Karoline, Oberbürgermeister Spiritus, Direktor Hermann Schumm mit Frau Charlotte, Frau Witwe Wolff aus Krefeld, die Mutter des Bräutigams, und zwei Freundespaare der Brautleute aus dem »Bonner Lawn-Tennis-Club«.

Nach alter russischer Tradition wurde das Mahl mit Krimsekt und Kaviar eröffnet. Zum Zwischengericht, einem Zander, wurde ein vorzüglicher Chablis Valmur 1900 aus dem Weinkeller des Hausherrn serviert. Die Tischrede hielt nach dem Sorbet der Bruder der Braut, Dr. Wilhelm Hammerschmidt. Dem strahlenden Brautpaar wurde oft und herzlich mit Veuve Cliquot zugeprostet.

Als Hauptgericht gab es Rehrücken mit Trüffeln an Silvaner-Morchelsauce, dazu Chateaux Ducru Beaucaillou 1878. Als Höhepunkt folgte eine fünfstöckige Hochzeitstorte aus Creme und Marzipan mit zierlichen Marzipanfigürchen. Aus dem Musikzimmer ertönten während des Mahles »Lyrische Stücke« von Edvard Grieg (1867-1901), darin »Hochzeitstag auf Troldhaugen«.

Am späten Nachmittag wollte das junge Paar mit dem Zug nach München fahren, der ersten Etappe für alle Hochzeitsreisen in den Süden. Man erhob sich von der Tafel und verteilte sich zwanglos auf die beiden Französischen Salons. Unbemerkt zogen sich Hans Wolff und Lulu zurück. Das Gepäck war schon vorausgeschickt. Kutscher Küppers stand mit seiner Kutsche an der Pforte der Coblen-

Das Pförtnerhaus auf der Coblenzerstraße.

zer Straße und wartete auf das Braut- und ein Freundespaar, das Hans und Lulu zum Bonner Bahnhof begleitete. Die übrige Hochzeitsgesellschaft verweilte ungestört in fröhlicher Stimmung bei interessanten Gesprächen und ließ das schöne Fest bei Tee, Kaffee, Cognac und Liqueuren ausklingen.

Vier Wochen später kehrte das glückliche Paar von Venedig nach Bonn zurück und bezog die inzwischen eingerichtete Wohnung in Düsseldorf-Oberkassel, Kaiser-Wilhelm-Ring 3, die sehr schön gegenüber der Altstadt und nicht weit vom Oberlandesgericht auf der anderen Rheinseite gelegen war, wo Hans Wolff dort Anfang September seine Tätigkeit als Regierungsassessor aufnahm.

Im darauffolgenden Jahr gab es erneut einen freudigen Anlaß, ein großes Fest im Familienkreis zu feiern: die Silberhochzeit des Kommerzienrates und seiner Frau Lili.

Fünfundzwanzig Jahre Gemeinsamkeit, Glück und Erfolg. Rudolf Hammerschmidt war nun vierundfünfzig, seine Frau sechsundvierzig Jahre alt. Er war eine noble Erscheinung, still und zurückhaltend, seine Frau Lili noch immer lebhaft, humorvoll, vital und stets präsent. Was Rudolf Hammerschmidt in die Hand genommen hatte, war zu Gold geworden. Doch von seinem Reichtum wurde zu Hause nie gesprochen. Seine Familie war für ihn die Kraftquelle seines Lebens geworden. Ihr verdankte er seine Erfolge. Natürlich hatte auch ein Quentchen Glück mitgespielt.

Mit der Bonner Villa hatte er sich ein Heim geschaffen, in dem er immer wieder ausruhen konnte. Ihm war es gelungen, sein Haus in Bonn zum Mittelpunkt von Kunst und Wissenschaft zu machen, in dem sich führende Persönlichkeiten aus Industrie und Hochfinanz trafen.

Rudolf und Lili Hammerschmidt hatten beschlossen, das Fest der Silberhochzeit auf dem Landsitz in Depenau mit dem gesamten Gutspersonal, den Angestellten und Arbeitern, deren Frauen und Kindern zu feiern. Es wurde ein großartiges Fest, das sich über zwei Tage hinzog.

Alle beteiligten sich an den Vorbereitungen. Da die Tage im Juni mild und trocken waren, deckte man die Festtafeln im Freien an der Rückseite des Schlosses auf einer großen Wiese. Es wurden drei große Tafeln mit je fünfunddreißig Plätzen in Huf-

Kommerzienrat Rudolf Hammerschmidt und seine Frau Lili bei der Silberhochzeit 1907. Mit Tochter Lulu und Ehemann Hans Wolff sowie dem Sohn Dr. Wilhelm Hammerschmidt.

eisenform aufgestellt. Der freie Platz in der Mitte war mit Holzbohlen ausgelegt und diente als Tanzplatz.

Über hundert Personen waren anwesend. Unter der bewährten Regie von Jenny und der Frau des Verwalters, des Küchenpersonals vom Gutshof und den besten Köchinnen unter den Arbeiterfrauen kam ein rustikales, bäuerliches Festessen auf den Tisch, das gut und reichlich war, von allen gelobt und mit viel köstlichem Bier frisch vom Faß genossen wurde. Lili brauchte sich um nichts zu kümmern.

Aus den mannigfaltigen Festreden klang Zufriedenheit und Dankbarkeit. Die Leute auf dem Gut schienen sich wohl zu fühlen, denn die sozialen Verhältnisse waren gut. Rudolf Hammerschmidt hat stets ein Herz für sozial Schwache gezeigt, sowohl in seinen Fabriken in Rußland als auch hier auf seinem Gut.

Nach dem Essen überraschten die Kinder der einklassigen Schule die Gäste mit Gedichten und Flötenspiel, die ihr Lehrer Schmidt mit ihnen eingeübt hatte. Lili wurde mit Blumen überreich beschenkt, sowohl mit kostbaren Blumen aus der Gärtnerei als auch mit bunten Wiesensträußen, die von den Kindern selbst gepflückt und gebunden worden waren.

Am Nachmittag spielte die aus Wankendorf herübergekommene Dorfkapelle zum Tanz auf. Die Musik brachte die Silberhochzeitsgäste erneut in fröhliche Stimmung, aber erst nachdem Rudolf und Lili den Tanz eröffnet hatten, trauten sich auch die anderen auf die Tanzfläche.

Das Wetter an diesem schönen Junitag war wie bestellt: Ein wolkenlos blauer Himmel wölbte sich über dem grünen Land, eine milde Sonne strahlte auf die fröhliche Gesellschaft, die wohlbestellten Felder und die schwarz-weiß gefleckten Kühe, die sich im nachmittäglichen Schatten der Bäume niedergelassen hatten.

Am späten Nachmittag lösten sich die Tafelrunden auf. Jeder defilierte am Silberbrautpaar vorbei, bedankte sich für das wundervolle Fest und wünschte Glück für die nächsten fünfundzwanzig Jahre bis zur Goldenen Hochzeit.

Durch die gesellschaftlichen Verbindungen seiner Eltern mit Kommerzienrat Friedrich Soennekken und dessen Frau war Dr. Wilhelm Hammerschmidt mit der schönen Karoline Soennecken, Tochter des Fabrikanten aus Poppelsdorf, bekannt geworden. Bei der Hochzeit seiner Schwester Lulu war er ihr Tischherr gewesen.

Karolines Vater war Inhaber des drittgrößten Unternehmens in Bonn und einer der wenigen Bonner Fabrikanten mit internationalem Ruf. 1876 war er von Remscheid nach Bonn gekommen, um hier von der Hochschule Anregungen für die von ihm propagierte Schriftreform zu erhalten. Soennecken errichtete in Poppelsdorf seine Fabrik, die mehrfach erweitert wurde. Ab 1904 gab es für die Büromöbelherstellung das neue Friedrichswerk an der Brühler Straße in Bonn, während die Büroartikel weiterhin in Poppelsdorf produziert wurden. 1914 beschäftigte die Firma Soennecken tausend Arbeiter, das höchste Beschäftigungspotential eines privaten Betriebes zu dieser Zeit in Bonn.

Karolines und Wilhelms Neigungen waren von Anfang an durch geistige und gesellschaftliche Interessen geprägt. Karoline war nicht nur eine schöne, wohlerzogene junge Frau, sie war auch klug. Zehn Jahre hatte sie ein Privatlyzeum besucht und war dann der weiteren Bildungsmöglichkeit für Mädchen als Volksschullehrerin gefolgt.

Erst ab 1908 wurde in Bonn das höhere Mädchenschulwesen neu geordnet und die Ablegung des Abiturs für Mädchen eingeführt. Danach konnten sie sich als vollgültige Studentinnen an der Bonner Universität einschreiben.

Um so mehr war der Entschluß Karolines, Volksschullehrerin zu werden, für ihre Zeit und ihre Gesellschaftsschicht ein ungewöhnlich emanzipatorischer Schritt, zumal ihr Vater, Friedrich Soennekken, der Meinung war, daß sie es nicht nötig hätte, den Beruf jemals auszuüben.

Am 29. Juli 1908, sie waren beide fünfundzwanzig Jahre alt, fand die Hochzeit von Dr. Willy Hammerschmidt und Karoline Soennecken statt. Sie war ein gesellschaftliches Ereignis für Bonn, und die Vermählung wurde im »General-Anzeiger« am nächsten Tag bekanntgegeben. Die Hochzeit wurde im Hause der Familie Soennecken in Poppelsdorf festlich begangen.

Zunächst bezog Wilhelm Hammerschmidt mit seiner jungen Frau eine elegante Stadtwohnung in der Tivolistraße in Freiburg/Breisgau, wo er bei der Deutschen Bank volontierte, um seine kaufmännischen Kenntnisse zu spezialisieren.

Am 10. Oktober 1909 wurde in Freiburg der er-

Die Verlobten Dr. Wilhelm Hammerschmidt und Karoline Soennecken.

ste Sohn geboren, der mit Rudolf den gleichen Vornamen wie sein Großvater erhielt. Der kleine Rudolf war noch kaum ein Jahr alt, als der Großvater die junge Familie mit nach St. Petersburg nahm in der Hoffnung, für seine immer umfangreicher werdenden Unternehmen in seinem Sohn einen geeigneten Mitarbeiter und Nachfolger heranzubilden.

Rudolf Bernhardowitsch Hammerschmidt war es gelungen, seinem Sohn Wilhelm Rudolfowitsch einen Direktorposten in der Gesellschaft der Newa-Baumwollspinnerei, und zwar von 1911 bis 1915, zu verschaffen, und er rechnete fest damit, daß die junge Familie zu seiner Unterstützung in St. Petersburg bleiben würde.

Dr. rer. pol. Willy Hammerschmidt

Karoline Hammerschmidt

geb. Soennecken

Vermählte.

Bonn, den 29. Juli 1908.

Die Vermählungsanzeige im »General-Anzeiger«.

Doch Karoline, die junge Mutter, fühlte sich von Anfang an in St. Petersburg nicht heimisch. Obwohl sie in der Mochowaja-Straße, unmittelbar am Sommergarten, einem der schönsten Parks in St. Petersburg, eine herrschaftliche Wohnung besaß, konnte sie sich nicht akklimatisieren.

Die fremde große Stadt, die fremde Sprache, die russischen Dienstboten, die sie nicht verstehen konnte, das alles bedrückte sie. Lediglich ihr von Deutschland mitgebrachtes Kindermädchen Selma war für sie und den kleinen Rudolf Ansprechpartnerin, wenn sie tagsüber allein war und auf ihren Mann wartete, der ständig mit ihrem Schwiegervater in geschäftlichen Aktionen unterwegs oder sogar tagelang auf Reisen war.

Unerträglich wurde für Karoline der russische Winter. Bereits der Herbst zeigte sich naß, kalt und sehr unfreundlich. Schon ehe die Kastanien ihre braunpolierten Früchte abgeworfen hatten, wurden die Blätter welk und fielen ab. Auch die schönen Spaziergänge im Sommergarten, die sie am meisten geliebt hatte, konnte sie nicht mehr machen. Der Winter mit bis zu dreißig Grad Kälte setzte der zarten Karoline hart zu. Sie hatte nur den einen Wunsch: so schnell wie möglich wieder nach Deutschland, nach Bonn, zu kommen, zumal es sich herausstellte, daß sie wieder schwanger war und sie unbedingt ihr Kind in Deutschland zur Welt bringen wollte.

Die junge Familie mit Söhnchen Rudolf.

Wilhelm, Karoline und der kleine Rudolf kehrten zur großen Enttäuschung von Rudolf und Lili Hammerschmidt nach Bonn zurück und mieteten eine Wohnung in der Siebengebirgsstraße. Dort kam am 30. Dezember 1911 Tochter Gerda zur Welt, ein ganz besonders hübsches Baby mit großen schwarzen Kirschaugen. Karoline war überglücklich mit ihrem süßen kleinen Mädchen und auch darüber, wieder in Bonn zu sein.

In den nächsten beiden Jahren arbeitete Wilhelm von Bonn aus zusammen mit seinem Vater, der mit seiner Frau Lili in St. Petersburg geblieben war, für die Unternehmen in Rußland, was sich per Telegraph und gelegentlichen kurzen Reisen, die immer bequemer wurden, gut arrangieren ließ.

1913 kamen Kommerzienrat Rudolf Hammerschmidt und Frau Lili endgültig nach Bonn zurück. Rudolf Hammerschmidt, der in seinen geschäftlichen Unternehmen immer eine glückliche Hand bewiesen hatte, ahnte den Umbruch und trennte sich Anfang 1913 von einigen seiner Unternehmen in Rußland. Die dadurch flüssigen Mittel legte er in der Düsseldorfer Bank B. Simons & Co. an und kaufte ein Drittel der Geschäftsanteile dieser an der Königsallee/Ecke Königstraße gelegenen Bank.

Noch im selben Jahr übernahm Dr. Wilhelm Hammerschmidt seine Tätigkeit als Mitinhaber der Bank. Als Wohnsitz für seine Familie erwarb er ein an der Rheinpromenade in Düsseldorf, Cecilienallee 15 und 15 a, gelegenes vierstöckiges Doppelhaus, dessen beide Hälften durch einen Mauerdurchbruch miteinander verbunden wurden. Diese beiden sehr schönen Jugendstilhäuser mit insgesamt zwölf Räumen dienten der jungen Familie Hammerschmidt für die nächsten zehn Jahre als Wohnsitz. Alsbald kündigte sich auch die Geburt des dritten Kindes an. Sohn Gerhard wurde am 3. September 1914 geboren.

Als die russische Mobilmachung am 30. Juli 1914 den Kriegsausbruch ankündigte und Deutschland am 1. August den Krieg erklärte, setzte dies eine erste große Rückwanderungswelle in Gang, und zwar die überstürzte Abreise zahlreicher deutscher, österreichisch-ungarischer Staatsangehöriger und jüdischer Bürger. Der Erste Weltkrieg brachte große Belastungen für die in Rußland verbliebenen Deutschen: das Verbot der deutschen Sprache in der Öffentlichkeit, das bald folgende Ende der deutschen Zeitungen, Verbannung und Internierung von Freunden wegen ihrer deutschen Staatsangehörigkeit.

Dr. Wilhelm Hammerschmidt wurde sofort Anfang August 1914 als Leutnant der Reserve zum 39. Reserve Corps in die Kaserne in Düsseldorf eingezogen. Plötzlich stand man zwischen zwei Kulturen und zwei Völkern. Auch Hans Wolff, der Ehemann von Lulu und Schwager Wilhelm Hammerschmidts, wurde gleich bei Kriegsbeginn als Oberleutnant der Reserve beim Husaren-Regiment 17 als Kommandeur der Stadtwache zum 39. Reserve Corps, Generalkommandantur Düsseldorf, einberufen.

Lulu war nun acht Jahre verheiratet und zu ihrem großen Kummer immer noch kinderlos. Wenn sie ihre Schwägerin Karoline Hammerschmidt besuchte und sie in ihrem Glück mit drei gesunden Kindern erlebte, wurde Lulu der Zustand ihrer Kinderlosigkeit um so schmerzlicher bewußt.

Ihre Ehe mit Hans Wolff war aber nicht nur in diesem Punkt unerfüllt geblieben. Schon sehr bald hatten sich schwerwiegende unterschiedliche Lebensauffassungen zwischen beiden herausgestellt. Lulu wollte nie Salondame sein, Hans Wolff aber hatte sich zu einem echten Salonlöwen entwickelt. Seine blendende Erscheinung, die noch durch seine maßgeschneiderte Uniform unterstrichen wurde, der ihm angeborene Charme und Witz, aber auch sein hoher Rang als Kommandeur machten ihn bei Gesellschaften für die Damen der Düsseldorfer Offiziers- und obersten Gesellschaftskreise unwiderstehlich.

Lulu mußte mit ihrem Eheproblem fertig werden, und während eines viermonatigen Aufenthaltes mit ihrem geliebten Vater auf dem Familiengut in Depenau konnte sie sich diesem anvertrauen. Rudolf Hammerschmidt war für eine Scheidung, denn er sah, wie sich seine Tochter quälte und litt, aber Hans Wolff lehnte ein solches Ansinnen ab, da es seiner Karriere als Offizier schaden konnte. Man einigte sich daraufhin, den Status quo bis Kriegsende aufrechtzuerhalten. Lulu wohnte nicht mehr in Oberkassel, sondern wieder in der Villa Hammerschmidt, und oft reiste sie zu ihrer Großmutter, die jetzt wieder in Berlin lebte.

Nach Kriegsende willigte Hans Wolff in die Scheidung ein gegen eine Abfindung von einer Million Mark. Was der eigentliche Grund für die Scheidung war – es blieb Familiengeheimnis.

Kommerzienrat Rudolf Hammerschmidt.

Während der Kriegsjahre 1914 bis 1918 war Karoline Hammerschmidt oft wochenlang mit den Kindern Gerda, Rudolf und Gerhard in der Villa Hammerschmidt und bei ihren Eltern Soennecken in Poppelsdorf. Jetzt hatte auch Rudolf Hammerschmidt endlich Muße, sich seinen Enkeln zu widmen. Späße mit ihnen erfand er selten, aber er führte sie gelegentlich durch Park und Palmenhaus, erklärte ihnen Namen und Bedeutung einzelner Bäume, Sträucher und Gewächse. Meist jedoch war er ernst; das entsprach seinem zurückhaltenden Wesen, und die Kinder respektierten ihn so.

1917, im Alter von vierundsechzig Jahren, hatte Rudolf Hammerschmidt zwangsläufig alle seine Unternehmen in St. Petersburg, das jetzt als Petrograd in die Geschichte der Oktoberrevolution einging, aufgeben müssen. Das machte ihn noch introvertierter und zurückhaltender. Er hat sicherlich schwer an diesem Verlust getragen, ohne je darüber zu klagen.

Aus dieser Zeit stammt das Foto, das ihn wie stets im korrekten dunklen Anzug zeigt, mit weißem, gestärktem Hemdkragen und seidenem Plastron, geschmückt mit einer Perlnadel. Eine Uhrkette zieht sich quer über die zum Anzug passende Weste. Das inzwischen ergraute und etwas schütter gewordene Haar trägt er immer noch rechts gescheitelt. Sein früher so stolz gezwirbelter »Kaiser-Wilhelm-Bart« hat sich in einen dezent gepflegten Oberlippenbart verwandelt. Eine große Last scheint auf seinen abfallenden Schultern und den auf dem Rücken verschränkten Armen zu liegen. Seine Augen wirken müde, sein Blick verrät Resi-

Lili Hammerschmidt.

gnation. Vielleicht drückt ihn auch die Sorge um seinen einzigen Sohn Wilhelm, der zu dieser Zeit in Frankreich für Volk und Vaterland sein Leben einsetzt.

Ganz anders dagegen das Foto von Lili Hammerschmidt, das zur selben Zeit aufgenommen ist: Sie ist jetzt sechsundfünfzig Jahre alt. In ihren großen, dunklen Augen liegen Freundlichkeit und Wärme. Mit einem unmerklichen Heben der linken Augenbraue erreicht sie einen verschmitzten Gesichtsausdruck. Ihr großflächiges, klares Gesicht, ihre hohe Stirn und auch das nach oben aufgetürmte Haar geben ihr ein stolzes, kraftvolles Aussehen.

Sie trägt ein exquisites weißes Kleid, der damaligen Mode entsprechend, mit Stickerei verziert. Gelassen und bequem sitzt sie in einem Korbsessel. Glanz geht von ihr aus. Auf dem Tisch steht eine Medinilla magnifica aus der Familie Melastomataceae, eine Treibhauspflanze, die Lili Hammerschmidt in ihrem Orchideenhaus gepflanzt und gezogen hat. Trotz der auch sie bedrückenden Ereignisse scheint sie unerschüttert und kraftvoll, eine Stütze für ihren Mann und ihre Kinder.

Befreundet ist Lili Hammerschmidt seit vielen Jahren vor allem mit dem Ehepaar Selve. Bis zu seinem Tode 1909 war Kommerzienrat Gustav Selve der reichste Bürger Bonns. Er besaß in Altena in Westfalen eine Autofabrik. Die Villa Selve grenzte unmittelbar an das Grundstück der Villa Hammerschmidt, und die beiden Familien waren gut nachbarschaftlich miteinander befreundet. Nach dem Tode Gustav Selves schloß sich dessen Ehefrau noch enger an Lili Hammerschmidt an.

Die Besuche in der Villa Selve mit den Enkeln, die zu dieser Zeit sechs und vier Jahre alt waren, wurden zu kleinen Festen für alle Beteiligten. Voller Großmutterstolz erschien Lili Hammerschmidt mit den Kindern bei Frau Selve, die sie immer sehr herzlich empfing und stets mit einem festlich gedeckten Tisch aufwartete. Für Rudolf und Gerda gab es dann den beliebten frisch gebackenen Marmorkuchen und köstlich duftende heiße Trinkschokolade, während für die beiden Damen Tee und englischer Königskuchen serviert wurden.

Enkel Rudolf erinnert sich heute noch genau an diese Besuche, weil er oft kleine Modelle der von der Firma Selve gebauten Autos als Spielzeug zum Geschenk erhielt, womit er sich stundenlang beschäftigen konnte, während die kleine Gerda Bilderbücher betrachtete. Viele Jahre später wurde Gerda das entzückende Trinkschokoladen-Service, das sie als Kind so sehr bewundert hatte, von Frau Selve zum Geschenk gemacht. Die hohen, schmalen Tassen, die sich nach oben hin weit öffneten und mit bunten Rokokofiguren bemalt waren, stammten aus einer französischen Porzellanmanufaktur.

Sobald es in den Sommermonaten in Bonn unerträglich heiß wurde, fuhren Lili und Rudolf, Karoline mit den Kindern, Tochter Lulu und Jenny Martinson auf das Gut nach Depenau. Die reine Landluft tat allen gut, und die Produkte der eigenen Viehhaltung sowie die frischen Gartenerzeugnisse waren eine große Bereicherung des Speisezettels.

Während der Kriegsjahre 1916 bis 1918 waren alle Lebensmittel rationiert, und oft mußten die

Karoline Hammerschmidt mit den Kindern Rudolf und Gerda bei einer Kahnpartie auf der Aue im Gut Depenau.

Menschen Schlange stehen, um die ohnehin schmalen Rationen überhaupt zu bekommen. Da hatten es die Landbewohner allemal besser. Zwar war auch das Leben auf dem Lande hart, da viele Landarbeiter eingezogen waren und die Frauen sich mühen mußten, die Arbeitskraft ihrer Männer zu ersetzen, aber Hunger litt hier niemand, und für die Kleinkinder gab es immer Milch genug.

Rudolf Hammerschmidt inspizierte täglich die Einrichtungen des Gutes und führte fachkundige Gespräche mit seinem Verwalter. Ihn interessierte die Landwirtschaft, während sein neunjähriger Enkel Rudolf, der bei den Rundgängen auf dem Gut manches Mal mit dabei war, nicht das geringste Interesse zeigte. Er hatte sogar Angst vor Pferden, und es stand schon damals fest, daß er das Gut niemals übernehmen würde.

Vor allem für die Kinder gab es noch viele Freuden auf dem schönen Besitz. Leidenschaftlich gern machten sie mit ihrer Mutter Karoline Kahnfahrten auf der Aue, bauten Sandburgen und spielten Krieg mit Pfeil und Bogen.

Die Erwachsenen lasen und musizierten viel. Auch hier gab es einen Bechstein-Flügel. Für Rudolf und Lili Hammerschmidt riefen diese reizvollen Sommermonate Erinnerungen wach an die Zeit, die sie vor mehr als dreißig Jahren auf der idyllischen Datscha in Finnland verlebt hatten.

Karoline, die ja zur Lehrerin ausgebildet worden war, unterrichtete ihren Ältesten in den Grundfächern der zweiten Klasse, und aushilfsweise gab sie Unterricht in der einklassigen Dorfschule, denn Lehrer Schmidt war ebenfalls eingezogen worden.

Lulu und Jenny halfen bei der Getreideernte. Es machte ihnen Spaß, oben auf dem Heuwagen zu thronen, außerdem hatte Jenny den gesamten Federviehpark in ihre Regie übernommen. Jede Arbeitskraft wurde jetzt nötig gebraucht.

Rudolf Hammerschmidt hatte wirklich eine gute Hand bewiesen, als er Anfang des 20. Jahrhunderts Gut Depenau erwarb. In diesen schweren Kriegszeiten konnte er vielen Menschen helfen.

Nach Beendigung des Krieges heiratete Lulu Wolff geb. Hammerschmidt 1919 Ernst Poensgen, den späteren Generaldirektor der Vereinigten Stahlwerke in Düsseldorf. Das Ehepaar wohnte in der Malkastenstraße Nr. 11.

Die neue Ehe war von Anfang an harmonisch, auf beiderseitiger Achtung und gemeinsamen Interessen aufgebaut. Lulu blieb bis zu ihrem Tod im Jahre 1944 die von ihren Neffen und ihrer Nichte vergötterte »Tante Lulu«.

1919 kam Wilhelm Hammerschmidt, zum Oberleutnant befördert und mit dem EK I ausgezeichnet, unverwundet und völlig gesund aus dem Feld zurück. Er widmete sich in den folgenden Jahren voll und ganz seiner Bankierstätigkeit und lavierte trotz der Inflation die Bank geschickt durch alle Wirtschaftskrisen und Katastrophen.

Ein privates Ereignis wurde in dieser Zeit für die Familie wichtig: Am 13. März 1920 wurde Sohn Dietrich, das vierte Kind von Karoline und Wilhelm, zur allergrößten Freude der Eltern geboren.

Für die Familien Hammerschmidt in Bonn und Düsseldorf brachten die durch einen allgemeinen

Rudolf und Gerda 1915 bei kriegerischen Spielen und beim Sandburgenbauen.

kulturellen, politischen und wirtschaftlichen Aufschwung gekennzeichneten goldenen zwanziger Jahre vor allem Tod und Trauer. Am 14. Mai 1922 verstarb im Alter von achtundsechzig Jahren der Industrielle und Geheime Kommerzienrat Rudolf Hammerschmidt in Bonn in seiner Villa ohne vorheriges Krankenlager an Herzversagen. In einem Meer von Blumen wurde er im Palmenhaus der Villa Hammerschmidt aufgebahrt.

Die Beisetzung der Urne fand erst fünf Monate später, am 19. Oktober 1922, im Urnenhain des Bonn-Poppelsdorfer Friedhofes statt. Dort hatte Lili Hammerschmidt für ihren Mann ein Muschelkalkstein-Grabmal errichten lassen.

Zwei Jahre später, am 4. August 1924, starb im Godesberger Krankenhaus in der Rheinallee 39 der Bankier Dr. Wilhelm Hammerschmidt im Alter von nur einundvierzig Jahren. Karoline, seine Frau, hatte den Godesberger Arzt Dr. Schorlemer, eine Kapazität seiner Zeit und Vertrauter ihres 1919 verstorbenen Vaters Friedrich Soennecken, zu Rate gezogen, aber auch dieser vorzügliche Arzt konnte Wilhelm Hammerschmidt, der an Influenza erkrankt war, nicht von der schleichenden Grippe heilen und vor dem Tod retten.

Die sonst so starke Karoline konnte ihre Trauer niemals überwinden. Vom Tage der Beerdigung an, die in Bonn auf dem Poppelsdorfer Friedhof stattfand, trug Karoline Trauergewänder. Ihr ganzes restliches Leben lang bis zu ihrem Tode im Jahre 1972 kleidete sie sich in Schwarz.

Ihre vier Kinder, alle noch zu jung, um den Verlust ihres Vaters im vollem Umfang zu ermessen, wurden von nun an ihr ganzer Lebensinhalt. Die Kinder fühlten die unsägliche Trauer der Mutter und trösteten sie.

Bereits zwei Monate nach dem Tod ihres Mannes löste Karoline den gesamten Haushalt in der Düsseldorfer Cecilienallee auf und zog mit ihren vier Kindern in das Schloß des Familiengutes Depenau. Die beiden Häuser in Düsseldorf wurden vermietet. Sie konnte es nicht ertragen, in dem Hause weiterzuleben, in dem sie mit ihrem Mann so viele glückliche Jahre verbracht hatte.

Den Sarg ihres Mannes ließ Karoline wenig später von Bonn-Poppelsdorf auf den kleinen privaten Familienfriedhof in Depenau umbetten, damit er ihr auch im Tode ganz nahe war.

Schon begann sich auch für Lili Hammerschmidt das Idyll in der Villa Hammerschmidt zu verändern. Ein Jahr nach dem Abzug der französischen Truppen aus Bonn erfüllte sich das traurige Schicksal ihrer Freundin, der Prinzessin Victoria von Schaumburg-Lippe. Man darf annehmen, daß Lili Hammerschmidt als Zeitzeugin bei der Trauungszeremonie dabei war, da sie mehr als zweieinhalb Jahrzehnte Nachbarn und eng miteinander befreundet waren.

Nach zehnjähriger Witwenschaft heiratete Prinzessin Victoria von Schaumburg-Lippe am 21. November 1927 den um vierunddreißig Jahre jüngeren russischen Abenteurer und Hochstapler Alexander Zoubkoff, der sich als emigrierter Baron ausgegeben hatte. Was danach geschah, war entsetzlich: Wegen ständiger Schulden, die Zoubkoff machte, mußte Victoria schließlich nach zwei Jahren das gesamte Inventar des Palais Schaumburg versteigern lassen. Sie reichte die Scheidung ein, aber noch bevor das Urteil rechtskräftig wurde, verstarb die Ärmste im November 1929.

Später übte Zoubkoff eine Tätigkeit als Kellner in einem Luxemburger Lokal aus und schmückte sich mit einem Schild: »Hier bedient Sie der Schwager des Kaisers.«

Auch für Lili Hammerschmidt veränderte sich in diesen Jahren das Leben in der Villa Hammerschmidt. Ohne ihren Mann, ohne ihren Sohn und seit dem Wegzug Karolines nach Depenau auch ohne ihre Enkelkinder, fühlte sie sich einsam in dem großen Haus. Lulu und Ernst Poensgen wohnten zwar nach wie vor in Düsseldorf, doch beide waren viel auf Reisen und konnten immer nur besuchsweise bei ihr sein. Lili Hammerschmidt entschloß sich deshalb sechs Jahre nach dem Tod ihres Mannes, das große Haus zu verpachten und sich als Altensitz eine Suite im Hotel Königshof zu mieten.

Neben dem Sternhotel war der Königshof das bevorzugte Hotel Bonns. Früher waren hier Angehörige des Hohenzollernhauses abgestiegen, doch nach dem Ersten Weltkrieg war das Hotel nicht mehr ganz so exklusiv. Der Krieg hatte seine Spuren hinterlassen.

Zur Zeit, als Lili hier wohnte, war Wilhelm König der Hoteldirektor. Er hatte 1928 den Mut aufgebracht, Adolf Hitler die Unterkunft zu verweigern, und der erzürnte Führer mußte auf das Rheinhotel Dreesen in Godesberg ausweichen.

Vor ihrem Umzug in den Königshof hatte Lili Hammerschmidt alle ihre Angestellten entlassen, bis auf die zur Familie gehörende Jenny, die jetzt bei ihrer Schwiegertochter Karoline und deren Kindern auf dem Familiengut in Depenau lebte.

Nach dem Umzug von Lili Hammerschmidt im Dezember 1928 in den Königshof wurde die gesamte Kunstsammlung und Inneneinrichtung der Villa Hammerschmidt versteigert. Dies geschah keineswegs aus finanzieller Not, sondern, weil die umfangreiche Sammlung nirgendwo in der Familie untergebracht werden konnte.

Das Schloß in Depenau war mit antiken Möbeln, kostbaren Bildern, Teppichen und Porzellan ausgestattet, Lulu hatte mit ihrem Mann Ernst Poensgen ein prächtiges, ebenfalls mit erlesenen Kunstschätzen versehenes Haus in Düsseldorf, und Lili Hammerschmidt nahm in die Suite nur die Dinge mit, die ihr in den langen Jahren lieb und wert geworden und zu ihrem künftigen Leben notwendig waren.

Sie brauchte sich keinerlei Beschränkungen aufzuerlegen, denn auf Antrag der Erbengemeinschaft für die in Rußland 1917 verlorengegangenen beiden Fabriken der Nevsky Nähgarnmanufaktur in St. Petersburg erhielten die Erben als Entschädigung vom Deutschen Reich eine halbe Million Reichsmark, die in einer sechsprozentigen Reichsschuldbuchforderung zugeteilt, 1926 ausgezahlt und nach der Währungsreform 1948 im Gegensatz zu allen übrigen Reichsschulden nicht mit zehn Prozent, sondern mit zwanzig Prozent auf Deutsche Mark umgestellt wurde. Die Zeche SATURN im oberschlesischen Sosnowitz war zwar nach 1918 von den Polen beschlagnahmt worden, aber die Erben Hammerschmidt erhielten dafür 1940, nachdem die Deutschen die polnischen Gebiete besetzt hatten, den vollen Gegenwert in Aktien ausgezahlt.

Das Kunst-Auktionshaus Math. Lempertz, Inh. Joseph Hanstein, Köln, Neumarkt 3, versteigerte am 7. Dezember 1928 die Kunstsammlung und Inneneinrichtung der Villa des verstorbenen Geheimen Kommerzienrates Rudolf Hammerschmidt, Bonn, Koblenzer Straße 135.

Alles wurde verkauft. In alle Winde zerstreute sich die kostbare Sammlung, die über drei Jahrzehnte von dem feinsinnigen Sammler Kommerzienrat Rudolf Hammerschmidt mit großem Sachverstand aus aller Herren Länder zusammengetragen worden war.

Nach der erfolgreich verlaufenen Versteigerung in der Villa Hammerschmidt gab Ernst Poensgen im Auftrag der Erbengemeinschaft die Besitzung nebst Park und allen Nebengebäuden dem Immobilienmakler Wilh. Jos. Maur zur Vermietung frei. Herr Maur fungierte gleichzeitig auch als Verwalter des gesamten Anwesens und wohnte von 1929 bis 1945 mit seiner Familie unter anderen in der Villa Hammerschmidt, während Ernst Poensgen das Heft in der Hand behielt.

Das Innere des großen Hauses teilte man zunächst so auf, daß nur im Hauptgebäude einzelne abgeschlossene Wohnungen eingerichtet wurden. Später funktionierte man auch das Garagenhaus – früher Remise – und den Muschelbau – früher Palmenhaus – in separate Wohnungen um und vermietete sie ab 1936. Der gesamte Gebäudekomplex hatte nun vier Hausnummern:

Koblenzer Straße 135:	Haupthaus
Koblenzer Straße 135 a:	Muschelbau
Koblenzer Straße 133:	Garagenbau
Koblenzer Straße 137:	Pförtnerhaus

Bei den Bewohnern handelte es sich vornehmlich um Universitätsprofessoren, Ärzte und Unternehmer. Sämtliche Bewohner der Villa Hammerschmidt, die in den Jahren von 1929 bis 1942 dort gewohnt haben, sind gemäß dem Buchtitel »Chronik der Villa Hammerschmidt und ihrer Bewohner« aufgelistet worden.

Infolge der Kriegsereignisse in Bonn gab es lediglich bis zum Jahre 1942 ein gedrucktes Adreßbuch, so daß für die weiteren drei Jahre keine Angaben gemacht werden können. Die Vermietung der in viele Einzelwohnungen aufgeteilten Villa Hammerschmidt entsprach einem großen Bedürfnis nach Wohnraum, vor allem von Universitätsprofessoren.

Die Bewohner der Villa Hammerschmidt in den Jahren 1929 bis 1942
(Adreßbücher des Verlags J. F. Carthaus, Remigiusstraße 16, Bonn)

1929

Nr. 135 Hammerschmidt, Geh. Kom. Rat
Weidemann, Aug., Pförtner
Schoenebeck, K.-Aug., Werkmeister

1930

Nr. 135 Hammerschmidt Erben
Lauche R., Parkdirektor i. R.
Weimling, Otto, Dr., General-Dir. a. D.
Gießen, Ant., Hausmeister
Röpke, Prof. Dr., Arzt i. R.
Weidmann, Aug., Pförtner
Schoenebeck, K.-Aug., Werkmeister

1932/33

Nr. 135 Hammerschmidt Erben
Lauche, R., Parkdirektor i. R.
Weimling, Otto, Dr., General-Dir.
Röpke, Prof. Dr. med.
Winand, K., Frau
Krämer, Chr., Hausmeister

Nr. 137 Hammerschmidt Erben
Wolf, Marie, Frau
Brandes, Emil, Filiall. (H. Jordans)

Nr. 133 Hammerschmidt Erben (Garagenbau)
Hoffman E., Fabr. v. Beleuchtungskörpern

Nr. 135 Hammerschmidt Erben
Naumann, Hans, Dr., Uni-Prof.
Lauche, R., Parkdir. i. R.
Maur, Wilh. Jos., Makler
Röpke, Friedr., Prof. Dr.
Schroeder, Edith, Frau
Winand, K., Frau
Krämer, Chr., Installateur
Sieberger, Ella, Frau

1934/35

Nr. 135 a Hammerschmidt Erben (Muschelbau)
Schenk, Elisab., Dr., Schulzahnärztin
Riegel, Ernst Ww.

Nr. 137 Hammerschmidt Erben
Wolf, Maria, Frau
Brands, Emil, Filiall. (H. Jordans)

1936

Nr. 133 Hammerschmidt Erben (Garagenhaus)
Heesen, Jacob, Landwirt
Wollschläger, Pet., Hausmeister

Nr. 135 Hammerschmidt Erben
Naumann, Hans, Dr., Uni-Prof.
Lauche, R., Parkdir. i. R.
Maur, Wilh. Josef, Makler
Röpke, Friedr. Wwe.
Schroeder, Edith, Frau
Sieberger, Ella, Frau

Nr. 135 a Hammerschmidt Erben (Muschelbau)
von Rintelen, Fritz-Joachim, Prof. Dr.
Schenk, Elis., Dr., Schulzahnärztin
Klinkhammer, Wilh., Gerichtsreferendar
Poppelreuter, Walter, Uni-Prof.

Nr. 137 Hammerschmidt Erben
Wolf, Maria, Frau
Brands, Emil, Inh. d. Fa. H. Jordans

1938

Nr. 133 Hammerschmidt Erben
Wollschläger, Pet., Hausmeister
Maur, Leo, Angestellter
von Castanjen, Ella

Nr. 135 Hammerschmidt Erben
Neuendorff, E., Prof., Dir. a. D., Dozent a.d.Uni
Lauche, R., Parkdir. i. R.
Maur, Wilh. Jos., Makler
Schroeder, Edith, Frau
Sieberger, Ella, Frau
Heß, Sybilla, Frau

Nr. 135 a Hammerschmidt Erben (Muschelbau)
Wilde, W., Bergreferendar
Schenk, Elis., Schulzahnärztin
Klinkhammer, Wilh., Gerichtsreferendar
Poppelreuter, Walter, Uni-Prof.

Nr. 137 Hammerschmidt Erben
Wolf, Maria, Frau
Brands, Emil, Inh. d. Fa. H. Jordans

1939

Nr. 133 Hammerschmidt Erben
Wollschläger, Pet., Hausmeister
Maur, Leo, Angestellter
Köhler, Bernh., Dr. jur.

Nr. 135 Hammerschmidt Erben
Lauche R., Parkdir. i. R.
Maur, Wilh. Jos., Makler
Overbeck, Fritz, Prof. Dr.
Penja, Mario, Dr., Lektor
Debusmann, Max, Dr., Kinderarzt
van Oyen, Adrian, Arzt

Nr. 135 a Hammerschmidt Erben
Grille, Pet., Dr., Geschäftsführer
Schenk, Elis., Dr., Schulzahnärztin
Poppelreuter, Walter, Uni-Prof. ww.

Nr. 137 Hammerschmidt Erben
Wolf, Maria, Frau
Brands, Emil, Inh. d. Fa. H. Jordans

1941/42

Nr. 133 Hammerschmidt Erben
Wollschläger, Pet., Hausmeister
Maur, Leo, Angestellter
Foerster, Lisel., Techn. Assistentin
Wichterich, Peter, Jos.
Nettekoven, Jacob, Gärtner

Nr. 135 Hammerschmidt Erben
Radecke, W., Dr., Pfarrer i. R.
Lauche, R., Ww.
Maur, Wilh., Jos., Makler
Overbeck, Fritz, Prof. Dr.
Borner, Hugo, Stadt-Ass.
van Oyen, Adrian, Arzt

Nr. 135 a Hammerschmidt Erben
Grille, Pet., Dr., Geschäftsf.
Klinkhammer, Wilh., Dr., Ass.
Bley, Fritz, Dr., Dipl.-Ing.

Nr. 137 Hammerschmidt Erben
Wolf, Maria, Frau
Brands, Emil, Inh. d. Fa. Jordans

Ab dem 30. Januar 1933 war Hitler Reichskanzler. Die Machtergreifung wurde zunächst in Bonn nicht als Einschnitt empfunden. Aktiven Widerstand leisteten nur die damals illegalen Kommunisten und eine aktive Studentengruppe unter dem Assistenten der Universität Bonns, Walter Markow, aber sie wurden aufgespürt und ausgeschaltet. Von größerem Gewicht war auf die Dauer der latente Widerspruch von katholischer Seite. Daß die nationalsozialistische Partei in Bonn weniger Sympathien als anderenorts im Reich besaß, wird deutlich an den relativ hohen Zahlen der Nein-Stimmen bei den Scheinwahlen Mitte der dreißiger Jahre.

Drei Geschehnisse verdienen wegen ihrer überörtlichen Bedeutung Erwähnung: die Aberkennung der Ehrendoktorwürde von Thomas Mann durch die Universität Bonn 1936, das Treffen Hitler–Chamberlain 1938 und das Juden-Pogrom. Welchen Charakter das Regime wirklich hatte, offenbarte sich wenig später in der sogenannten Reichskristallnacht, in der auch im Bonner Raum die Synagogen angezündet und jüdische Geschäfte geplündert und Menschen verschleppt wurden.

Mochten auch in einigen Fällen Bonner Familien den Bedrängten zu Hilfe gekommen sein, so gehören diese Vorkommnisse doch zu den dunklen Seiten der Stadtgeschichte Bonns.

Der Zweite Weltkrieg schien vor allem nach der Niederwerfung Frankreichs die Universitätsstadt verschonen zu wollen. Aber diese Hoffnungen wurden im Sommer 1943 zunichte gemacht. Das Grauen der Luftangriffe gipfelte in der Katastrophe vom 18. Oktober 1944, die die Altstadt nahezu in Schutt und Asche legte.

Noch während des Krieges starb am 30. September 1943 Lili Hammerschmidt geb. Röttger im Alter von zweiundachtzig Jahren an Herzversagen. Einundzwanzig Jahre hatte sie ihren Mann, den Geheimen Kommerzienrat Rudolf Hammerschmidt, überlebt und während der letzten fünfzehn Jahre im Hotel Königshof gewohnt. Viele Monate, besonders während des Sommers, verlebte sie auf dem Familiengut Depenau bei ihrer Schwiegertochter Karoline und den Enkelkindern, die inzwischen erwachsen und verheiratet waren und selbst Kinder hatten. Lili Hammerschmidt hatte das Glück, noch acht Urenkel zu erleben. Sie hat bis zuletzt in körperlicher und geistiger Frische regen Anteil am Familienleben genommen. Ihre letzte Ruhestätte fand sie an der Seite ihres Mannes auf dem Urnenfriedhof in Bonn-Poppelsdorf.

Auch Jenny Martinson, »Schwänchen« genannt, lebte noch lange Jahre in guter Gesundheit auf dem Gut in Depenau und half bei der Erziehung der dritten Generation der Hammerschmidt'schen Familie bis zu ihrem Pensionsalter. Dann holte Lili

Hammerschmidt sie nach Bonn in ein Altenstift, wo sie bei dem großen Luftangriff auf Bonn am 18. Oktober 1944 ums Leben kam.

Die Villa Hammerschmidt blieb wie durch ein Wunder unzerstört. Drei authentische Berichte geben in anschaulicher Weise die damalige Situation in der Villa Hammerschmidt wieder:

Frau Dr. Eva Krull, Akademische Oberrätin am Slavistischen Seminar der Universität Bonn, wohnte von 1939 bis 1944 in dem der Villa Hammerschmidt benachbarten Haus Kaiser-Friedrich-Straße 18, das heute zum Bundespräsidialamt gehört. Sie hat als Sieben- bis Zwölfjährige mit ihrer Schwester und den gemeinsamen Freunden, den Kindern Gertrud und Friedrich Overbeck, im Park der Villa Hammerschmidt gespielt. Professor Dr. Fritz Overbeck wohnte ab 1939 mit seiner Familie in einer im Haupthaus hergerichteten Wohnung im Parterre rechts, Nr. 135, der Villa Hammerschmidt.

Frau Krull erinnert sich, daß in Nr. 133 der Gärtner Nettekoven wohnte, der an den Remisen eine kleine Gemüsegärtnerei betrieb und seine Erzeugnisse immer gut verkaufen konnte. Bei dem großen Bombenangriff auf Bonn am 18. Oktober 1944 wurde auch die Gärtnerei des Jacob Nettekoven zerstört. Die Glasdächer der Treibhäuser waren von der Wucht der Sprengbombe, die in das Haus Kaiser-Friedrich-Straße 18. eingeschlagen war, zertrümmert und die Beete mit Tausenden von Glasscherben übersät. Die Kinder sammelten die prismenförmigen Scherben und freuten sich über die Spektralfarben des sich brechenden Lichts.

Die Nibelungengrotte.

Der Park der Villa Hammerschmidt war ein idealer Spielplatz für alle Kinder, die im Haus wohnten; das dichte Buschwerk verlockte zum Versteckspielen, und die Nibelungengrotte, die der Vorbesitzer der Villa, der »Zucker-König«, 1880 dort errichten ließ, war geradezu ein Eldorado für die Kinder. Man konnte in die Grotte hinein- und auf das Plateau hinaufgehen, von wo man eine wunderschöne Aussicht auf den Rhein und das gegenüberliegende Siebengebirge hatte. Eines Tages stellten die Kinder fest, daß während der Nacht dem bärtigen Zwerg Alberich in der Nibelungengrotte das Hinterteil mit roter Farbe bestrichen worden war, ein Jux fröhlicher Studenten. Ein weiterer Platz zum Spielen für Kinder war der kleine Goldfischteich, der sich neben dem Palmenhaus befand. Einmal war das Wasser abgelassen, so daß der Teich auf die Kinder ausgetrocknet wirkte. Sie sprangen hinein, landeten aber nicht auf trockenem Boden, sondern versanken im Morast. Nur mühsam konnten sie sich befreien. Von ihren Müttern wurden sie sofort in die Badewanne gesteckt.

Frau Dr. Gerda Maur, Bonn, wohnte von 1938 bis 1945 mit ihren Eltern (L. Maur) und ihrer kleineren Schwester Irmgard in der in einzelne Wohnungen aufgeteilten Villa Hammerschmidt, und zwar in der Remise, Koblenzer Straße 133. Dort wohnte auch der Gärtner Nettekoven. Wie er hatte sich auch die Mutter von Gerda und Irmgard ein kleines Nutzgärtchen angelegt, um damit ihrer Familie eine Zusatzration zu der schmalen Zuteilung an Lebensmitteln zu schaffen.

Frau Dr. Gerda Maur erzählt aus ihrer Erinnerung, daß sie 1943 in der Sexta der Clara-Schumann-Schule aufgenommen wurde und sich in ihrer Freizeit gern in dem großen, etwas verwilderten Park der Villa Hammerschmidt mit einem Buch zurückgezogen hat, meistens versteckt unter Büschen und Bäumen, wo sie niemand finden konnte. Ihre Schwester Irmgard war noch Kleinkind; sie krabbelte gern im Park umher, und ihre Mutter mußte oft lange suchen, bis sie die Kleine fand.

Die Aussage aller, die als Kinder während der Kriegsjahre in den aufgeteilten Wohnungen der Villa Hammerschmidt gewohnt haben, läßt sich auf einen gemeinsamen Nenner bringen:

»Der Park war für uns ein Kinderparadies, und

daß er ein wenig verwildert war, machte seinen besonderen Reiz aus. Die Nibelungengrotte war der Höhepunkt, weil man so schön darin herumklettern konnte.«

Von Herbst 1944 bis Kriegsende waren alle Schulen in Bonn geschlossen. Der große Luftangriff am 18. Oktober 1944 ist den heute Erwachsenen noch in Erinnerung. Aber bis auf einige Sprengbomben, die ins weiche Erdreich des Gartens einschlugen und große Trichter hinterließen, blieben die Villa Hammerschmidt und ihre Bewohner unversehrt.

Ein anderer Augenzeuge berichtet aus der Nachkriegszeit von 1946/47:

Der damals elfjährige Sohn des Friedhofsverwalters Robert Müller war häufig mit seinem Freund Gert Niethammer, Sohn des Professors Gert Niethammer, der vis-à-vis der Villa Hammerschmidt wohnte und Leiter des Zoologischen Museums König war, im Park der Villa.

Die beiden Schulkameraden streunten oft durch den Park und erfreuten sich an der Stille und Geborgenheit, die sie hier empfanden. Beide waren Vogelkundler und begeistert von den vielen Nachtigallen, die im Unterholz der Büsche und Bäume ihre Nester bauten und dort auch in Ruhe brüten konnten. Der Park war völlig verwildert, aber für alle Arten von Vögeln war er zum Paradies geworden.

Zu dieser Zeit gab es im Haus keine Kinder mehr. Die Besatzungsmächte hatten die Villa in Besitz genommen.

Am 9. März 1945 war dank der Einsicht der verteidigenden Kommandeure für Bonn der Krieg ohne größere Kampfhandlungen zu Ende. Es sollte noch über zwei Wochen dauern, bis auch im Rechtsrheinischen die Waffen schwiegen.

Obwohl der Krieg nun vorbei war, wuchs die Not in der Bevölkerung in den ersten drei Nachkriegsjahren ins Unermeßliche. Nahrungsmittel, Kleidung, Heizmaterial waren die in diesen Jahren am meisten begehrten Güter, und da sie auf normalem Wege nicht zu bekommen waren, blühte der Schwarzhandel.

Hinzu kam eine außerordentliche Wohnungsnot in Bonn, hervorgerufen durch die völlige Zerstörung der Innenstadt und die Beschlagnahmung unbeschädigter zusammenhängender Wohnquartiere durch die amerikanischen, britischen und belgischen Besatzungsmächte. Die Villa Hammerschmidt wurde von 1945 bis 1949 von den Besatzungsmächten beschlagnahmt, zuletzt bestimmte der belgische Armeekommandant Général Piron die Villa zu seiner Residenz.

Die Entscheidung, die Stadt Bonn – dank Adenauers Initiative – zur Bundeshauptstadt zu machen, gehört zu den entscheidendsten Ereignissen der Stadtgeschichte. Die englische Besatzungsmacht hat die Kandidatur Bonns nach Kräften gefördert und vor allem den Abzug der Belgier bewirkt.

Nach der Wahl des ersten Bundespräsidenten, Professor Dr. Theodor Heuss, am 12. September 1949 dauerte es noch mehr als ein halbes Jahr, bis die Bundesregierung in Verhandlungen mit den Erben des Kommerzienrates Hammerschmidt eintrat, um die im klassizistischen Stil erbaute Villa Hammerschmidt als Sitz des Bundespräsidenten zu erwerben. Denn erst durch die denkwürdige Sitzung des Bundestages am 3. November 1949 wurde der Zustand der Ungewißheit beseitigt und Bonn endgültig als einstweilige Bundeshauptstadt bestätigt. Damit wurde der Weg frei für einen neuen Aufstieg der Stadt.

Endlich war es soweit. Am 5. April 1950 kaufte die Bundesrepublik (vertreten durch den Bundesminister der Finanzen) den Grundbesitz »Flur 25, Flurstück 458, Koblenzer Straße 135/137, Hofraum und Gebäudefläche groß 4,1954 ha, Flurstück 457, Straße, groß 0,1060 ha« von den Erben Hammerschmidt zum Preis von DM 750000. Von diesem Betrag gingen als Lastenausgleich DM 300000 ab, so daß lediglich DM 450000 an die Erben Hammerschmidt ausgezahlt wurden.

Dieses Geld fiel zur Hälfte an Karoline Hammerschmidt und zur anderen Hälfte an die beiden Enkel Rudolf und Gerhard und an die Enkelin Gerda.

Das einstmals riesengroße Vermögen des Kommerzienrates Rudolf Hammerschmidt war zwar durch zwei Kriege, zwei Inflationen und durch die Verluste seiner Unternehmen in Rußland stark reduziert, aber die Hammerschmidts waren dennoch eine wohlhabende großbürgerliche Familie geblieben.

Vor zehn Jahren erlebten Rudolf Hammerschmidt und seine Frau Liselotte die große Freude, bei Frau Dr. Veronica Carstens während eines Besuches in der Villa Hammerschmidt anhand alter Fotos über die früheren Zeiten in diesem Hause

Dr. Veronica Carstens mit Rudolf und Liselotte Hammerschmidt in der Villa Hammerschmidt, 1980.

plaudern zu können, wobei Frau Dr. Carstens die Anregung gab, die Familiengeschichte und die Geschichte des Hauses einmal aufzuschreiben, denn eine Familie, die ihre Geschichte über hundertfünfzig Jahre zurückverfolgen kann, hat allen Grund, mit Vertrauen in die Zukunft zu schauen.

Das Heute gibt es nicht ohne das Gestern. Es wurde die Geburtsstunde dieses Buches.

Dies ist eine Geschichte, die über hundertfünfzig Jahre zurückverfolgt wurde und deren Quellen und Fakten auf intensiven, zehnjährigen Recherchen basieren.

Familiengeschichte ist auch immer Zeitgeschichte, und der brutale Eingriff der Weltpolitik durch zwei Kriege, zwei Inflationen und den Verlust der umfangreichen Besitzungen in Rußland waren kein Grund für die Familie Hammerschmidt, nach dem Zweiten Weltkrieg zu resignieren, sondern nach dem Vorbild des Großvaters Rudolf Hammerschmidt tatkräftig weiterzuwirken und mit Vertrauen in die Zukunft zu schauen, so daß der Glanz des großen Namens heute noch als Widerschein auf alle Familienmitglieder fällt.

Für freundliche Unterstützung bei den Recherchen dankt die Autorin den Stadtarchiven Bielefeld und Bonn, dem Zentral-Archiv Leningrad, Frau Dr. Eva Krull vom Slavistischen Seminar Universität Bonn, der Universitätsbibliothek Bonn, der Stadtbibliothek Bad Neuenahr und Herrn Professor Dr. Erik Amburger, der durch seine Veröffentlichungen über das Wirtschafts- und Kulturleben im neuzeitlichen Rußland und durch den mit ihm geführten Schriftwechsel viel zum Gelingen des Buches beigetragen hat, der sich mit der Zeit befaßt, in der die Villa Hammerschmidt im Besitz der Familie Hammerschmidt war.

Die Villa Hammerschmidt als Amts- und Wohnsitz der Präsidenten der Bundesrepublik Deutschland

Von Ursula Salentin

Am 5. April 1950 gingen Haus und Grundbesitz an der Koblenzer Straße 135 in den Besitz der deutschen Bundesregierung über. Die weiße Villa, die in ihrer damals fast neunzigjährigen Geschichte vermögenden Industriellen gehört und in deren Mauern sich jahrzehntelang das Leben bürgerlicher Familien abgespielt hatte, wurde nun zum Amts- und Wohnsitz der Präsidenten der Bundesrepublik Deutschland.

Mit den Schlössern in Berlin und Potsdam, den früheren Regierungssitzen deutscher Herrscher, läßt sich die Villa Hammerschmidt nicht vergleichen. Auch trennen sie Welten von dem Reichspräsidentenpalais, in dem Friedrich Ebert und Paul von Hindenburg einst residierten. Denn weder für Glanz und Gloria noch steife Prachtentfaltung oder gar staatliche Machtdemonstration ist das Haus geeignet.

Doch gerade deshalb war der Erwerb der Großbürgervilla am Rhein für die junge Bundesrepublik ein Glücksfall. In dem schlichten, wohlgegliederten Bau verkörpert sich auch nach den baulichen Veränderungen noch klassizistisches Denken. Maß, Vernunft, Harmonie, Humanität werden hier betont. Mit diesen Ideen aber konnten und können sich die Bundesbürger und ihre Präsidenten seither identifizieren. Nicht nur das relativ bescheidene Bonner Regierungsviertel zwischen Pädagogischer Akademie und Zoologischem Museum Alexander Koenig, sondern auch dieses Großbürgerhaus als Präsidentenpalais beweist die seit Ende des Zweiten Weltkriegs veränderte Staatsauffassung der Deutschen. Sichtbar hat sie sich von Hybris, Großmannssucht und Weltmachtgeltung entfernt.

... während der Amtszeit von Theodor Heuss (1949–1959)

Am Abend des 12. September 1949 versammelten sich im Bonner Rathaus die Präsidenten des Bundestages und des Bundesrates, Abgeordnete des Parlaments, die Stadtverordneten und der Oberbürgermeister der neuen Bundeshauptstadt. Auf dem davorliegenden Marktplatz drängte sich die Bevölkerung Bonns. Sie alle waren gekommen, um die erste Ansprache des an diesem Vormittag gewählten Bundespräsidenten Theodor Heuss (1884–1963) an die Bürger des Landes mitzuerleben.

Elly Heuss-Knapp (1881–1952), die Frau des Präsidenten und nun First Lady, nahm an diesem denkwürdigen Ereignis von einem im ersten Stock eines benachbarten Hauses gelegenen Fenster aus teil.

Die Stadt war an diesem Tag mit Flaggen geschmückt. Die Trümmer am Marktplatz hatte man mit frischem Grün verdeckt. Als es dunkel wurde, beleuchteten Fackeln die Szene. Anstelle der umstrittenen Nationalhymne sang man zum Abschluß des historischen Tages den Choral »Großer Gott, wir loben dich!«. Gefühle der Erleichterung und der Dankbarkeit erfaßten die Anwesenden.

Dem Staat, zu dessen Präsidenten Theodor Heuss berufen worden war, fehlte zu dieser Zeit noch die volle Souveränität. Letzte Entscheidungen fielen weiterhin durch die drei westlichen Besatzungsmächte. Um so wichtiger war es, geschickte Politiker an die Spitze des Staates zu berufen, damit sich die junge Demokratie innen- und außenpolitisch etablierte. Von Theodor Heuss, der sich im Parlamentarischen Rat als erfahrener Staatsmann erwiesen hatte, erhoffte man, daß er das höchste Amt mit Geist und Würde erfüllte. Ihm fiel es zu, den eigenen Landsleuten und vor allem dem Ausland deutlich zu machen, daß nach dem Scheitern der Weimarer Republik, nach Nazi-Deutschland und Zweitem Weltkrieg die Bundesrepublik Deutschland in den Kreis der zivilisierten Staaten zurückgekehrt war und es mit den im Grundgesetz formulierten Wertvorstellungen und der Wiederbegründung der Demokratie ernst meinte.

Für die junge Bundesrepublik war es ein Glücksfall, daß in ihrer Anfangsphase der 65jährige Theodor Heuss und die 68jährige Elly Heuss-Knapp in die Villa Hammerschmidt einzogen. Ihre demokratische, liberale und nationale Gesinnung stand außer Frage, und darüber hinaus verkörperten sie eine deutsche Geistestradition, die auch

Theodor Heuss und seine Frau Elly Heuss-Knapp 1949 im Münchner Rathaus.

nach 1945 noch Bestand hatte und in die Zukunft wies.

Der Lebensweg des Ehepaars war von Anfang an durch künstlerische, soziale, politische und im Falle von Elly Heuss-Knapp auch durch religiöse Interessen geprägt. Schon während der Studienzeit – Theodor Heuss studierte Nationalökonomie und Kunstgeschichte, Elly Knapp ließ sich zur Lehrerin ausbilden – betätigten sich beide in diesen Bereichen. Für die jungen Leute war Friedrich Naumann, evangelischer Theologe und Politiker, die richtungsweisende Gestalt ihrer Jugendzeit. Naumann verfolgte christlich-soziale Ordnungsvorstellungen und strebte eine Synthese zwischen Kaisertum und Demokratie an. Im Andenken an diese verehrte Gestalt richtete das Ehepaar im Dachgeschoß der Villa Hammerschmidt das sogenannte Naumannzimmer ein – einen Raum zum Nachdenken, zum Lesen und zum Schreiben.

Theodor und Elly Heuss standen ein Leben lang in engem geistigen Austausch miteinander. Auf allen Stationen ihres gemeinsamen Lebens waren beide schreibend, publizierend, lehrend und politisch aktiv tätig.

Im Jahre 1933 verlor Theodor Heuss sein Reichstagsmandat als Abgeordneter der Deutschen Demokratischen Partei, ebenso seine Stellung als Dozent an der Deutschen Hochschule für Politik in Berlin. Außerdem wurde ihm jegliches politisches und publizistisches Hervortreten verboten. Elly Heuss-Knapp büßte ihre Lehrtätigkeit am Burckhardt-Haus, einer Ausbildungsstätte der Evangelischen Kirche, ein. Man kündigte ihr die Mitarbeit im Programmbeirat des Berliner Rundfunks auf, setzte die regelmäßig gesendeten Rundfunkkritiken und -vorträge ab und verbot ihr das öffentliche Auftreten. In dieser schwierigen Situation übernahm sie es, für den Lebensunterhalt der Familie zu sorgen und das Jurastudium des einzigen Sohnes zu finanzieren. Sie stieg in die Wirtschaftswerbung ein und wurde sehr bekannt durch ihre fast geniale Erfindung des »akustischen« Warenzeichens. So konnte ihr Mann sein literarisches Lebenswerk, die großen Biographien über Friedrich Naumann, Robert Bosch, Hans Poelzig und Justus von Liebig schaffen.

Nach 1945 beriefen die Amerikaner Theodor Heuss, den aus der Weimarer Zeit bekannten Demokraten, zum Lizenzträger der »Rhein-Neckar-Zeitung« und wenig später zum Kultminister der provisorischen Regierung Nord-Württemberg und Nord-Baden. Elly Heuss-Knapp leitete zu dieser Zeit im Rundfunk Round-table-Gespräche, sprach vor Organisationen und Verbänden über Zeitfragen, war Präsidentin der Hoover-Speisung und arbeitete bei der Erstellung des ersten nach freiheitlichen Grundsätzen gestalteten Schullesebuchs mit.

Sowohl Theodor als auch Elly Heuss wurden im Dezember 1946 als Abgeordnete der Demokratischen Volkspartei Mitglieder des Stuttgarter Landtags. 1948 entsandte man von dort aus Theodor Heuss in den Parlamentarischen Rat nach Bonn. Im Dezember 1948 wurde er in Heppenheim zum Ersten Vorsitzenden der Freien Demokratischen Partei gewählt. Die Bundesversammlung in Bonn entschied sich am 12. September 1949 für ihn als ersten Bundespräsidenten.

Obwohl also Theodor Heuss schon länger im Amt war und die Bundesregierung im April 1950 die Villa Hammerschmidt erworben hatte, konnten Elly und Theodor Heuss erst am 15. Dezember 1950 ihren offiziellen Amts- und Wohnsitz beziehen. Bis dahin wohnten sie auf der Viktorshöhe bei Bad Godesberg, »näher bei Gott als bei Bundeskanzler Adenauer«, wie Theodor Heuss bemerkte.

Das Haus auf der Viktorshöhe war ein Erholungsheim für Reichsbahnbedienstete. Außer dem Präsidentenehepaar waren hier noch sechzig Personen untergebracht. Dem Ehepaar standen drei Zimmer zur Verfügung – zum Leben und zum Regieren. Der Präsident hatte sein Zimmer sehr schlicht mit einem Abgeordnetenpult, einem Bücherregal und einer Couch möbliert; Frau Heuss versuchte, es sich mit ein paar Möbeln aus ihrer Stuttgarter Wohnung gemütlich zu machen. Es ging eng und einfach zu. Das Provisorium war jedoch kein Anlaß zur Klage. Millionen Menschen lebten damals in Deutschland bedeutend beengter. Das Glück des Überlebens, die Dankbarkeit für die wiedergewonnene Freiheit, die Hoffnung auf eine bessere Zukunft ließen Theodor und Elly Heuss vergessen, was sie in einer anspruchsvolleren Epoche vermutlich an Annehmlichkeiten vermißt hätten.

Sehr schnell gelang es in diesen Anfangsjahren dem ersten Bundespräsidenten, bekannt und beliebt zu werden. Seine unverwechselbare Art, Ernstes mit Humor zu würzen, unbequeme Wahrheiten versöhnlich vorzutragen, ironisch über sich und sein Amt Betrachtungen anzustellen, sicherten ihm schnell die fast liebevolle Achtung und Verehrung der Bundesbürger. Von Elly Heuss-Knapp wußte man in dieser noch fernsehlosen Zeit wenig. Das mag vor allem daran gelegen haben, daß sie in ihren letzten Lebensjahren – die berufliche Überforderung während der Nazi-Zeit hatte ihr schweres Herzleiden verschlimmert – offiziellen Anforderungen nur dann nachkam, wenn sie ihren Neigungen entsprachen und nicht nur rein repräsentativer Natur waren.

Nachdem der Präsident seine zahlreichen ersten

Amtspflichten wie Besuche in den elf Bundesländern, öffentliche Auftritte als Redner vor Organisationen und Verbänden erfüllt und Elly Heuss-Knapp ihr letztes großes soziales Werk, die Gründung der »Elly Heuss-Knapp-Stiftung Deutsches Müttergenesungswerk« im Januar 1950 ins Leben gerufen hatte, begann das Ehepaar Heuss im Sommer 1950 damit, die Villa Hammerschmidt zu ihrem Amts- und Wohnsitz umzugestalten.

Der Kunsthistoriker und Ästhet Theodor Heuss, der mit Hans Poelzig, einem der führenden Architekten seiner Zeit, befreundet und als Geschäftsführer des Deutschen Werkbundes tätig gewesen war, konnte sich mit den »Zuckerbäckerverzierungen«, die Leopold König dem Bau hinzugefügt hatte, nicht anfreunden. Und auch Elly Heuss-Knapp mißfielen der aufgesetzte Marmor und Stuck.

Theodor Heuss verordnete deshalb dem Haus eine umfassende Erneuerung. Er ließ die beiden Türmchen beseitigen und allen unnötigen Zierat abschlagen. Die Figuren der Nibelungengrotte, die Rheintöchter Wellgunde, Woglinde und Floßhilde und der Zwerg Alberich verschwanden. Im Innern des Hauses wurde das Parterre zu Repräsentationszwecken und der erste Stock als Präsidentenwohnung hergerichtet. Im Palmenhaus nebenan entstanden Wohnräume, die zunächst dem Chef des Bundespräsidialamts, Staatssekretär Dr. Klaiber und seiner Familie, zur Verfügung standen. Am Nordrand des Grundstücks, an der Kaiser-Friedrich-Straße, begann man mit dem Bau des Bundespräsidialamts, einem schlichten Zweckbau im Stil der ersten Nachkriegsarchitektur. Dort bezog später der Präsident sein Amtszimmer. Die Frage, ob man zwischen der Villa Hammerschmidt und dem Präsidialamt einen überdachten Gang bauen sollte, damit Theodor Heuss bei jedem Wetter trockenen Fußes hin- und zurück gelangen könne, beantwortete der sparsame Präsident auf seine Weise: Er kaufte für 18 Mark einen großen schwarzen Schirm, den »fiskalischen Schirm«, wie er ihn nannte, der bei dem wachhabenden Kriminalbeamten in der Villa Hammerschmidt stets griffbereit in der Ecke stand.

Die Grundstruktur, die damals für Repräsentations- und Privaträume gelegt wurde, gilt noch heute. Tritt man, von der Konrad-Adenauer-Allee kommend, über die Freitreppe in das Haus, so erreicht man zunächst eine quadratische Eingangshalle. Der weite Raum – alle Zimmer im Parterre erinnern an die Ausmaße eines mittelgroßen Hotels – war damals mit einem Barockschreibtisch ausgestattet, auf dem das Gästebuch lag. Den Fußboden bedeckte ein kostbarer Teppich in gedämpften Farben. Im Anschluß an die Eingangshalle kommt man dann in das Terrassenzimmer, von dem man den bekannt herrlichen Blick auf den Rhein und das Siebengebirge hat. Von hier aus gelangt man auf die überdeckte Terrasse und von dort über eine breite Treppe in den Teil des Parks, der zum Rhein hin abfällt. Zu beiden Seiten des Terrassenzimmers befinden sich schlauchartige Räume. Es sind dies links der Speisesaal, in dem bis zu sechsundreißig Personen bewirtet werden können, und rechts die sogenannte Galerie, in der die Botschafter auswärtiger Staaten dem Bundespräsidenten ihre Beglaubigungsschreiben überreichen. An die Galerie schließt sich der damals »Säulenzimmer« genannte Raum, dem zwei Säulen, die aus Gründen der Statik angeblich nicht entfernt werden konnten, den Namen gaben. Dieser größere Raum ist für Gespräche des Bundespräsidenten mit seinen Gästen vorgesehen. Theodor Heuss nannte ihn den »Schlotsalon«, da sich die Herren hierher nach dem Essen zum Rauchen zurückzogen. Als letzter der sechs Amtsräume sei das Damenzimmer genannt, das Elly Heuss-Knapp mit Louis-seize-Möbeln liebevoll ausgestattet hatte. In ihm werden bei Staatsbesuchen die Geschenke ausgetauscht, und nach Einladungen nahmen die Damen hier den Mokka.

Im ersten Stock entstand aus zwölf unterschiedlich großen Räumen die Privatwohnfläche für die Bundespräsidenten. Die Familie Heuss beanspruchte hiervon neun Räume für sich. Elly Heuss-Knapps ganze Freude waren zum einen das Kaminzimmer, in dem man sich zu den Mahlzeiten traf, und zum anderen das zur Rheinseite hin gelegene Blumenzimmer. Im Kaminzimmer hatte sie mit Barockkacheln von der Fraueninsel im Chiemsee, auf denen unter anderem die zwölf Apostel abgebildet waren, den Kamin wieder aufbauen lassen, im Blumenzimmer blühten in zwei hohen Glasfenstervitrinen exotische Pflanzen aus dem Bonner Botanischen Garten.

Trotz ihres angegriffenen Gesundheitszustands hatte Elly Heuss-Knapp den Sommer 1950 über in verschiedenen Schlössern wie Brühl, Ludwigsburg, Stuttgart und Würzburg Möbel ausgesucht, die man ihr dort für den Amtssitz des deutschen Bundespräsidenten zur Verfügung gestellt hatte. Die Privatwohnung wurde von der Familie Heuss mit eigenen Möbeln und Bildern eingerichtet. Hier traf man auf den »Gemütsschrank« der Familie, eine alte Vitrine, in der ganz persönliche Erinnnerungsstücke – bemalte Ostereier, aufgespießte Schmetterlinge, Puppen, ein kleiner goldener Halbmond und vieles mehr – aufbewahrt wurden. An einer der Wände hing auch das Bild eines georgischen Reiters in russischer Generalsuniform, das den Großvater Elly Heuss-Knapps darstellte. Sie stammte mütterlicherseits aus einem russifizierten kaukasischen Adelshaus.

Das Präsidentenhaus betreuten zur Zeit des ersten Bundespräsidenten im Repräsentationsteil ein Dienerehepaar und zwei Hausmädchen, im privaten Haushalt eine Köchin und ein Stubenmädchen.

Theodor und Elly Heuss lebten in der nur noch kurz bemessenen gemeinsamen Zeit in der Villa Hammerschmidt so, wie sie es lebenslang gewohnt gewesen waren: jeder mit seinen eigenen Aufgaben beschäftigt, immer im Gespräch miteinander, umgeben von vielen Freunden – Künstlern, Schriftstellern, Politikern –, die ihre geistigen Interessen teilten und die herzliche Gastlichkeit des Ehepaares zu schätzen wußten. Auch für Konrad Adenauer war die besondere Atmosphäre des Hauses anziehend. Er kam oftmals auf einen Sprung vom Palais Schaumburg herüber.

Mit zur Familie gehörte seit den dreißiger Jahren

in Berlin der 1902 in Straßburg geborene Buchhändler, Schriftsteller und Verleger Hans Bott – zu dieser Zeit Persönlicher Referent von Theodor Heuss.

Elly und Theodor Heuss waren so eng mit ihm, er so eng mit ihnen befreundet, daß er, der in drei Zimmern im ersten Stock der Villa Hammerschmidt wohnte, in Bonn allgemein »der Bott vom Heuss« genannt wurde.

Hans Bott und seine Sekretärin, Frau Sachse, haben viel dazu beigetragen, dem Präsidentenehepaar die schweren Monate der Krankheit von Elly Heuss-Knapp zu erleichtern.

Der letzte offizielle Auftritt Elly Heuss-Knapps fand 1951 während der Weihnachtsfeier für die Bediensteten des Bundespräsidialamts statt. Danach sah man sie nur noch gelegentlich, von einer Pflegerin oder ihrem Mann betreut, im Park der Villa Hammerschmidt. Am 19. Juli 1952 starb sie in der Universitätsklinik auf dem Bonner Venusberg. Bundeskanzler Adenauer, tief berührt von dem Tod dieses von ihm hochgeschätzten Menschen, würdigte Elly Heuss-Knapp in einer Rundfunkansprache als eine Frau, die »ihr ganzes Leben hindurch verstehend, helfend und mittätig an der Seite ihres Mannes gestanden«* habe. Hier hätte Adenauer allerdings ergänzen müssen, daß Elly Heuss-Knapp das Leben ihres Mannes entscheidend mitgeformt und mitgestaltet hatte. Ohne ihren beruflichen Einsatz während der Nazi-Zeit hätte Theodor

* Bulletin der Bundesregierung vom 22. Juli 1952.

Heuss wohl kaum die Muße gefunden, sein literarisches Werk zu vollenden. Beglückend für sie aber wäre es gewesen, wenn sie miterlebt hätte, wie ihr Mann in den kommenden Jahren geradezu zu einer Symbolfigur für die Bundesrepublik wurde, mit der sich die Bürger seither identifizieren können und an der auch heute noch jeder Bundespräsident gemessen wird.

Das Leben in der Villa Hammerschmidt aber hatte weiterzugehen: Die Repräsentationspflichten mußten erfüllt, der verwaiste Haushalt wollte versorgt werden.

Vor ihrem Tod hatte Elly Heuss-Knapp ihrer Schwägerin Hedwig Heuss (1883–1981), der Witwe von Dr. Ludwig Heuss, dem ältesten Bruder des Bundespräsidenten, das Versprechen abgenommen, notfalls ihre Stelle in der Villa Hammerschmidt einzunehmen. Familienzusammenhalt wird in der Familie Heuss groß geschrieben, und so zögerte die beinahe Siebzigjährige, seit Jahren in Ludwigsburg lebende Arztfrau nicht, ihr Wort einzulösen. Die mit Krankenpflege und Sozialarbeit vertraute Mutter von vier Kindern, eine geistig vielseitig interessierte Persönlichkeit, wagte den Sprung in die Regierungshauptstadt und in ein sie in die Pflicht nehmendes neues Leben. Wie auch Wilhelmine Lübke sagte sie später, daß sie sofort »drin« gewesen sei. Und tatsächlich gab es in Bonn niemanden, der nach einiger Zeit nicht mit Erstaunen bemerkt hätte, daß die charmante ältere Dame liebenswürdig, herzlich und zurückhaltend und doch stets präsent sowohl bei offiziellen Anlässen an der Seite ihres Schwagers hervorragend zu repräsentieren verstand als auch die Fäden des Heuss'schen Haushalts fest in der Hand hielt. Darüber hinaus gehörte zu ihrem Aufgabengebiet die Erfüllung sämtlicher sozialer Pflichten, die die Frau des Bundespräsidenten zu übernehmen hat.

Abgesehen von allen vom Protokoll ausgerichteten Ereignissen, bei denen es aufwendiger zuging, schätzte Theodor Heuss nicht nur in seinem Privathaushalt, sondern auch bei offiziellen Einladungen in der Villa Hammerschmidt einen schlichten, gepflegten Stil. Die Bewirtung war bewußt einfach, jedoch waren die Speisen stets vorzüglich zubereitet. Sehr oft gab es Delikatessen der schwäbischen Küche wie handgeschabte Spätzle, Maultaschen und oft Siedfleisch, das Theodor Heuss besonders schätzte.

Mancher Politiker, der zum Abendessen in die Villa Hammerschmidt eingeladen wurde, mag über die Speisefolge: Tomatensuppe, Ochsenbrust mit Beilagen, Obstsalat, erstaunt gewesen sein. Dazu gab es beim Präsidenten bevorzugt schwäbische Weine, die aus der Gegend von Brackenheim oder Heilbronn stammten. Denn bei Heuss hieß es lakonisch: »Den Sekt trinken die Herren zu Hause.«

Wilhelmine Lübke hat sich später oft über die in ihren Augen allzu sparsame Lebensführung beklagt, die auch ihr dann Grenzen zog. Nicht jedem konnte es wie Hedwig Heuss gelingen, für 30 Mark kleine Azaleentöpfe als Tischdekoration gleich für drei aufeinanderfolgende große Abendeinladungen aufzutreiben.

Von der Chronistin Hedwig Heuss erfährt man,

daß der Tag der »Heuss-Gemeinschaft«, bestehend aus dem Bundespräsidenten, Hans Bott und ihr, frühzeitig begann und spät endete. Den Höhepunkt des Tagesablaufs bildete – nach Hedwig Heuss – der Abend, den sie entweder in offizieller oder privater Gesellschaft, aber fast immer bei anregenden Gesprächen verbrachte. Theodor Heuss zog sich abends aber auch oft in sein Arbeitszimmer zurück, um seine zahlreichen Reden zu entwerfen, die er, entgegen den Gewohnheiten der späteren Präsidenten, noch alle selbst konzipierte und in die »Minna«, das Diktiergerät, sprach. Auch überdachten der Präsident und sein persönlicher Referent am Abend gelegentlich die vergangenen oder zu erwartenden Tagesereignisse. Eine gute Zigarre und eine Flasche Wein durften dann nicht fehlen.

Nach der Rückgewinnung der vollen Souveränität am 15. Mai 1955 veränderte sich auch die Bedeutung der Villa Hammerschmidt.

Die Welt begann sich zunehmend für das weiße Haus am Rhein zu interessieren. Das Leben in ihm wurde internationaler. Von nun an gaben die Botschafter der ausländischen Staaten in der Galerie ihre Beglaubigungsschreiben ab, wurden ausländische Staatsgäste in den Repräsentationsräumen nach den Regeln des internationalen Protokolls empfangen, trugen das in Bonn akkreditierte Diplomatische Corps und seine Damen bei Festlichkeiten zum Glanz des Hauses bei.

Bereits vor der Erlangung der vollen Souveränität hatte Kaiser Haile Selassie von Äthiopien als erster Staatsgast die Bundesrepublik besucht. Hedwig Heuss erinnerte sich, daß sie damals protokollarisch gesehen einen Fauxpas beging, indem sie zuerst das Wort an den Kaiser richtete, anstatt zu warten, bis er sie ansprach. Später kam so etwas nicht mehr vor. Erika Pappritz, die erste Protokollchefin der Bundesrepublik, wachte streng über das Geschehen. Generell war sie von Anfang an mit dem Repräsentationsgeschick von Hedwig Heuss einverstanden. »Bei Frau Heuss ist alles in Ordnung«, soll sie nach einer Inspektion der Vorbereitungen zu einem Abendessen im kleinen Kreis gesagt haben. Von diesem Zeitpunkt ab hat sie sich nie mehr eingemischt.

Durch die schlichte Eingangstüre der Villa Hammerschmidt aber traten von nun an viele Große der damaligen Zeit ins Haus. Es waren dies die Staatspräsidenten Italiens, der Türkei, Brasiliens, Indonesiens, Liberias, die Könige von Griechenland und Afghanistan, der Schah von Persien, der Kronprinz von Japan, Devedas Gandhi, der Erzbischof von Canterbury, Winston Churchill, Harry S. Truman und viele mehr.

Und Theodor Heuss reiste von hier aus zu seinen Staatsbesuchen in Griechenland, der Türkei, Italien, dem Vatikan, den Vereinigten Staaten, Kanada und Großbritannien. Er war in diesen Jahren im In- und Ausland zu einer Symbolfigur für das neue Deutschland geworden.

»Als Bundespräsident hat er unkonventionell, aber mit souveränem geistesgegenwärtigen Takt, der nicht mit ängstlicher Behutsamkeit zu verwechseln ist, ohne Prestigeansprüche, doch mit einem Gefühl für die Würde des Amtes, durch seine Persönlichkeit sinn- und eindrucksvoll den neuen

Altbundespräsident Theodor Heuss mit seiner Schwägerin Hedwig Heuss bei der Verabschiedung auf dem Bonner Bahnhof am 16. September 1959.

Staat repräsentiert und damit zur Wiederbelebung des verschütteten Staatsbewußtseins beigetragen«, urteilte Theodor Eschenburg am 12. September 1958 in der »Zeit«.

Als der erste Bundespräsident am 12. September 1959 von der Villa Hammerschmidt Abschied nahm, hatte er sie tags zuvor auf seinem Skizzenblock festgehalten als Erinnerung an die sicherlich zehn wichtigsten Jahre seines Lebens.

… während der Amtszeit von Heinrich Lübke (1959–1969)

Als am 1. Juli 1959 Heinrich Lübke (1894–1972) zum zweiten deutschen Bundespräsidenten gewählt wurde, war Wilhelmine Lübke (1885–1981) entgegen ihrer sonstigen Gewohnheit, ihren Mann überall hin zu begleiten, nicht mit zur Bundesversammlung nach Berlin gereist. Sie hatte es vorgezogen, die bewegenden Ereignisse auf dem Bildschirm zu verfolgen.

Weder Heinrich noch Wilhelmine Lübke, damals fünfundsechzig und vierundsiebzig Jahre alt, hatten je davon geträumt, die ersten Repräsentanten des Staates zu werden. Dem ehrbaren, fast bieder zu nennenden Landwirtschaftsminister und seiner tatkräftigen, lebhaften Frau bereitete die Wahl die Überraschung ihres Lebens. Heinrich Lübke war das Amt als einem von vier Kandidaten angetragen worden, nachdem Konrad Adenauer es drei Wochen vor der Wahl zurückgewiesen hatte. Der greise Kanzler hatte erkannt, daß er dann weder seine Politik würde fortsetzen noch den ungeliebten Ludwig Erhard vom Amt des Bundeskanzlers fernhalten können.

Zur Ehre des von vielen deshalb als Verlegenheitslösung angesehenen Heinrich Lübke muß gesagt werden, daß er sich zu diesem Amt nicht gedrängt hat. Vor Unions-Gremien äußerte er sich sowohl selbstkritisch als auch verantwortungsbewußt: »Ich traue mir wohl zu, eine sachliche Aufgabe gut zu lösen, aber ich weiß nicht, ob ich einem so hohen Amt entspreche. Ich bin aber der

Auffassung, daß jemand, dem dieses Amt einmütig angetragen wird, es im Interesse von Volk und Staat annehmen soll.«

Der neue Präsident und seine Frau stammten beide aus dem Sauerland. Schul- und Hochschulbildung gaben ihnen die Möglichkeit zum gesellschaftlichen Aufstieg. Der Vermessungs- und Kulturingenieur und die Mathematik und Deutsch unterrichtende Studienrätin lernten sich 1929 in einem sauerländischen Heimatverein in Berlin kennen.

Für die temperamentvolle, spontane und resolute Wilhelmine Keuthen und den zurückhaltend – spröden, eigenwilligen und humorvollen Heinrich Lübke muß es der »coup de foudre« gewesen sein. Bis ins hohe Alter hinein hat die Harmonie des kinderlosen Ehepaares jeden beeindruckt und die spöttelnde Bemerkung über Heinrich Lübke als »First Sir« der Bundesrepublik schnell vergessen lassen.

Ende der zwanziger, Anfang der dreißiger Jahre war Heinrich Lübke ein erfolgreicher Verbandsfunktionär und als solcher bis 1933 Direktor der Deutschen Bauernschaft, dem Zusammenschluß der Klein- und Mittelbauernverbände und der Kleinpächterverbände. Ab 1931 war er als Vertreter des Zentrums außerdem Mitglied des Preußischen Landtags in Berlin. Wegen seiner betont sozialen Gesinnung und auch ein wenig wegen seiner rötlichen Haarfarbe nannte man ihn den »roten Lübke«.

1933 wurde Heinrich Lübke aus allen Ämtern entlassen und für kurze Zeit verhaftet. Im Zuge der Gleichschaltung wurde im Juli 1933 die Deutsche

Bauernschaft aufgelöst. Am 5. Februar 1934 nahm man Heinrich Lübke erneut in Haft, nun unter dem Vorwand, staatliche Kredite nicht bestimmungsgemäß verwandt zu haben. Im Schein des Rechts wurde der mißliebige politische Gegner zwanzig Monate lang in Untersuchungshaft festgehalten und schließlich im Oktober 1935 aus Mangel an Beweisen freigelassen. Wilhelmine Lübke, die bei ihrer Heirat den Beruf aufgegeben hatte und ganz in die Rolle der Hausfrau geschlüpft war, ernährte sich nun durch Vermieten und Nachhilfestunden.

Als Heinrich Lübke aus der Haft entlassen wurde, war er weißhaarig geworden und so geschwächt, daß sich das Ehepaar für längere Zeit auf den Bauernhof des Bruders Friedrich Wilhelm Lübke zurückzog.

1937 fand Heinrich Lübke wieder eine Anstellung in Berlin, und zwar als Geschäftsführer der Niedersächsischen Wohnungsbau- und Siedlungsgenossenschaft. Zu Kriegsbeginn war er Mitarbeiter des privaten Architektur- und Ingenieurbüros Schlempp, das für den Rüstungsminister Speer dienstverpflichtet wurde. Heinrich Lübke wurde stellvertretender Leiter dieser Baugruppe, die mit dem Bau von zivilen und militärischen Anlagen an vielen Orten beauftragt wurde, unter anderem auch mit dem Bau von Unterkünften für Häftlinge aus Konzentrationslagern. Bezogen auf diese Tätigkeit entstand 1964, aus der damaligen Deutschen Demokratischen Republik (DDR) gesteuert, eine Hetzkampagne gegen den Bundespräsidenten, die diesen als KZ-Baumeister diffamierte. Lübke hat damals die ihn vorgebrachten Anschuldigungen nicht schnell und energisch genug entkräftet. Die mit Hilfe des Bundeskriminalamtes zusammengestellte Dokumentation »Die kommunistische Verleumdungskampagne gegen den Bundespräsidenten« wirkte ebenso ungeschickt wie Lübkes über Rundfunk und Fernsehen abgegebene Erklärung. Professor Rudolf Morsey kommt in der Beurteilung dieses Lebensabschnitts von Heinrich Lübke zu dem Urteil: »In seinem Lebensweg spiegelt sich die Problematik, vor die sich ein großer Teil seiner Altersgenossen gestellt sah: das Dritte Reich in eindeutiger Gegnerschaft zu überleben, gleichwohl aber an irgendeiner Stelle der beruflichen Tätigkeit während der Kriegszeit in die Zwänge der nationalsozialistischen Unrechtsherrschaft verstrickt zu werden.«*

Wilhelmine Lübke hat den sich in der zweiten Amtszeit rapide verschlechternden Gesundheitszustand ihres Mannes – er litt unter fortschreitender Cerebralsklerose – in engem Zusammenhang mit diesen diffamierenden Ereignissen gesehen.

Nach dem Krieg engagierte sich Heinrich Lübke sofort wieder politisch, nun in den Gründungsgremien der CDU um Konrad Adenauer. 1946 wurde er in den nordrhein-westfälischen Landtag gewählt und war von 1947–1952 Landwirtschaftsminister in Düsseldorf.

Seit 1950 zeigte es sich, daß Heinrich Lübke ein Amt in Bonn anstrebte. Im zweiten und dritten Kabinett Adenauer, 1953 und 1957, war er dann als

---

* »Heinrich Lübke. Von Enkhausen nach Berlin«, WDR, 7. März 1983.

Bundesminister für Ernährung, Landwirtschaft und Forsten ein geachtetes Regierungsmitglied. Heinrich Lübke stand zu dieser Zeit oft im Kreuzfeuer der Interessengegensätze. Doch mit großem Sachverstand und persönlich integer verfolgte er die Ziele des Grünen Plans, der durch Agrarstrukturverbesserungen Hilfe zur Selbsthilfe geben und die deutsche Landwirtschaft vor allem in Hinblick auf den kommenden gemeinsamen europäischen Markt wettbewerbsfähig machen wollte.

Wilhelmine Lübke eröffnete die Bonner Karriere ihres Mannes neue, bisher unvorhersehbare Möglichkeiten. Die flexible, jede Situation schnell erfassende, sprachgewandte Frau – sie beherrschte fließend Englisch, Französisch, Spanisch, Italienisch und auch ausreichend Russisch – verstand es, bei offiziellen und inoffiziellen Veranstaltungen der Bundeshauptstadt Kontakte zu knüpfen und die Kunst des Repräsentierens zu üben. Sie wurde in diesen Jahren geradezu zu einer Institution für die Diplomatenfrauen, die froh waren, sich mit dieser deutschen Ministerfrau in ihrer Muttersprache unterhalten zu können.

Nach der Wahl zum Bundespräsidenten hatte es Heinrich Lübke zunächst nicht leicht, sich gegen die Erinnerungen an den geistvollen, staatsmännischen Theodor Heuss zu behaupten. Doch sein Pflichtbewußtsein, seine Bescheidenheit und Ehrlichkeit überzeugten zumindest in der ersten Amtsperiode die Bundesbürger. Erst in der zweiten Amtszeit, als sich wie überall in der Welt auch in der Bundesrepublik gesellschaftliche Aufbruchstimmung formierte, wurde er zum Objekt heftiger

Kontroversen. Vor allem der jungen Generation mißfiel sein enges, obrigkeitsstaatliches Denken.

Wilhelmine Lübke hingegen wurde fast überall anerkannt und konnte sich auch in den stürmischen sechziger Jahren behaupten. Den Bundesbürgern, die in der ersten Hälfte dieses Jahrzehnts größtenteils zufrieden mit ihrem demokratischen Staat waren, genossen es geradezu, daß ihre First Lady hoheitsvoll ihre Repräsentationspflichten erfüllte und sich unter den Großen der Welt gewandt benahm.

Wen scherten ernsthaft die Intellektuellen in Presse und Kabaretts, die zu berichten wußten, daß die Präsidentengattin dem Paßbeamten nicht widersprochen hatte, der sich um zehn Jahre in ihrem Geburtsdatum geirrt und sie verjüngt hatte, die sich über das »Wilhelminische Zeitalter« mokierten und alles in allem das gelegentlich huldvolle Gehabe der Bürgerin aus Ramsbeck im Sauerland lächerlich fanden? Gerade die Selbstsicherheit und Natürlichkeit Wilhelmine Lübkes hat viel dazu beigetragen, daß das Ausland ein anderes Bild von der deutschen Frau gewann und ihr Wirken nicht mehr nur mit Kinder, Küche, Kirche gleichsetzte.

Sowohl Heinrich als auch Wilhelmine Lübke haben sich, nachdem sich die erste Überraschung über das Wahlergebnis gelegt hatte, unverzüglich und intensiv ihrer neuen Aufgabe zugewandt.

Von Anfang an stand fest, daß die Villa Hammerschmidt nur noch Amtssitz des Präsidenten sein würde. Lübkes dachten nicht an einen Umzug in den ersten Stock der Villa. Erst Anfang der fünfziger Jahre hatten sie sich am Haager Weg 69 ein Eigenheim gebaut, das ganz ihren Vorstellungen entsprach. Der Bonner Chronist Walter Henkels charakterisierte es als ein Haus, das aussah »wie das westfälische Landhaus eines bemittelten Kleinfabrikanten, der Geschmack hat bis zum letzten i-Pünktchen«.* Weshalb ein derartiges Domizil verlassen? Heinrich und Wilhelmine Lübke fuhren lieber von nun an morgens gegen neun Uhr, von einem Fahrer des Präsidialamtes abgeholt, zu ihrem neuen Arbeitsplatz am Rheinufer. Meist kehrten sie gemeinsam – sehr oft spät – nach Hause zurück. In der Villa Hammerschmidt veränderten sie nichts.

In welcher Abfolge sich Heinrich Lübke mit seinen Aufgaben in der Villa Hammerschmidt auseinandersetzte, war weitgehend bereits durch seinen Vorgänger festgelegt.

Für Wilhelmine Lübke aber gab es bisher kein Paradigma, nach dem sie sich hätte richten können. Sie wurde geradezu die Schöpferin der Aufgaben und auch der Stellung der Frau des Bundespräsidenten.

An einem normalen Arbeitstag der ersten Amtsperiode beispielsweise begann der Vormittag für Heinrich Lübke gegen neun Uhr mit der Zusammenkunft seiner engsten Mitarbeiter in seinem Amtszimmer im Bundespräsidialamt.

---

* »Die neue Landesmutter Wilhelmine Lübke«, »Rhein-Ruhr-Nachrichten«, Dortmund, vom 11. Juli 1959.

Hierbei waren anwesend: der Staatssekretär Karl-Theodor Bleek (1957–1961) oder Hans-Heinrich Herwarth von Bitterfeld (1961–1965), dessen Stellvertreter Ministerialdirektor Einsiedler, der Pressereferent Erich Raederscheidt und der Persönliche Referent Dr. Hermann Sehrbrock.

Heinrich Lübke und seine Mitarbeiter besprachen zunächst die Termine des Tages, nahmen, falls nötig, Umstellungen oder Veränderungen vor. Anschließend galt das Interesse der Runde Einzelfragen, die ihre Bedeutung an diesem besonderen Tag hatten wie Grußworte, Glückwünsche usw.

Um halb zehn hielten dann wechselnde Personen den Pressevortrag. Hier waren die Themen und Kommentare weitgespannt – vom Bonner Alltag bis hin zu den Verwicklungen der internationalen Politik.

Ab elf Uhr empfing Heinrich Lübke seit langem vorangemeldete Gäste wie beispielsweise einen deutschen Botschafter, der vor seiner Abreise ins Ausland den Bundespräsidenten aufsuchte, Politiker, die sich mit ihm über Regierungsfragen zu unterhalten wünschten, ausländische Delegationen.

Immer pünktlich um 13 Uhr nahmen Heinrich und Wilhelmine Lübke gemeinsam das Mittagessen im ersten Stock der Villa Hammerschmidt ein.

Das Haus wurde inzwischen vom Hausintendanten Herrn Mantwitz und zwei Haushälterinnen versorgt.

Gegen 15 Uhr saß dann Heinrich Lübke wieder an seinem Schreibtisch. Nun war Aktenstudium, Beantwortung von Briefen, Überdenken von Redenentwürfen und dergleichen angesagt. Im weiteren Verlauf des Nachmittags trafen dann wieder vorangemeldete Besucher – Politiker, Diplomaten, Wirtschaftler, Journalisten – ein, die den Bundespräsidenten oder die der Bundespräsident zu sprechen wünschte. Diese Gespräche zogen sich meist bis in den frühen Abend hin.

Wilhelmine Lübkes Arbeitstag im ersten Stock der Villa Hammerschmidt war nicht weniger ausgefüllt. Zwar sind die Aufgaben der Frau des Bundespräsidenten nicht festgelegt, doch erwartet man von ihr damals wie heute, daß sie an der Seite ihres Mannes repräsentative Pflichten erfüllt, das heißt, ihn auf den Staatsbesuchen begleitet, mit ihm ausländische Staatsgäste empfängt, sich als Gastgeberin bewährt und zu den Frauen der akkreditierten Botschafter gute Kontakte unterhält.

Wilhelmine Lübke brauchte man diese Pflichten nicht zu erläutern. Keine spätere Präsidentenfrau hat jemals wieder die Villa Hammerschmidt derart zu ihrem Arbeitsplatz umgestaltet, keine hat ihr Eigenleben so für das Präsidentendasein eingetauscht, keine war so mit Leib und Seele die Verkörperung ihrer Aufgabe.

Wenn sie morgens in ihrem zum Rhein hin gelegenen Arbeitszimmer im ersten Stock der Villa Hammerschmidt erschien, dann galt es zunächst einmal, die zahlreichen Briefe zu lesen und zu beantworten. Anschließend warteten caritative Organisationen und Verbände, aber auch Frauen- und andere Vereinigungen auf ihre Mitarbeit, auch wenn es sich nur um ein Grußwort anläßlich eines Kongresses oder einer Buchveröffentlichung handelte. Auch galt es Auftritte in der Öffentlichkeit vorzubereiten, bei denen sie um ihre Mitwirkung gebeten worden war, waren Reisevorbereitungen zu koordinieren, standen Staatsgäste ins Haus, waren Empfänge, Nachmittagstees mit ausländischen Diplomatenfrauen in der Villa Hammerschmidt zu organisieren oder Krankenhäuser, Waisenhäuser oder Altenheime zu besuchen.

Wie jede Präsidentenfrau erfüllte auch Wilhelmine Lübke caritative Pflichten. Von Elly Heuss-Knapp hatte sie das Müttergenesungswerk übernommen. Nun fügte sie die Schirmherrschaft über UNICEF hinzu, war über Jahre bei der Aktion Gemeinsinn tätig, die freiwillig soziale Dienste in den von Personalnot geplagten Krankenhäusern übernahm und engagierte sich bei dem von ihrem Mann gegründeten Fonds Hilfe in Not, der für Alte und Arme eingerichtet worden war. Ihre wesentliche Aufgabe aber erfüllte sie als Ehrenvorsitzende im Kuratorium Deutsche Altershilfe, das Modellfälle neuer Altershilfe im Bundesgebiet förderte und der Einführung und Verbreitung zeitgemäßer Altenhilfe diente.

Am Anfang hatte Wilhelmine Lübke niemanden, der ihr bei der Bewältigung dieser vielseitigen Aufgaben half. Freunde und Bekannte sprangen ein. Erst zweieinhalb Jahre nach dem Amtsantritt bewilligte man ihr eine Mitarbeiterin. 1964 wurde Ursula Sybille Reiss – die später auch Frau Dr. Carstens und Frau von Weizsäcker bei der Erfüllung ihrer Aufgaben half – ihre Persönliche Referentin.

Die Abende verbrachte das Ehepaar meist mit weiteren Verpflichtungen entweder als Gastgeber in der Villa Hammerschmidt oder als Gäste bei einer diplomatischen, politischen oder caritativen Veranstaltung. Vor Mitternacht endete selten einer der »normalen« Arbeitstage.

Bei seiner Antrittsrede vor dem Bundestag hatte Heinrich Lübke am 15. September 1959 drei Ziele genannt, deren Beachtung ihm für seine Präsidentschaft wichtig waren: den Willen zur deutschen Einheit wach zu halten, die Aussöhnung mit den einstigen Gegnern, vor allem Frankreich, zu vertiefen und die Bundesdeutschen für den Kampf gegen den Hunger in der Welt zu sensibilisieren. In zahlreichen Stellungnahmen für die deutschen Belange hat Heinrich Lübke während seiner Amtszeit auf die deutsche Teilung und das Unrecht, das in der DDR geschah, hingewiesen. In seine erste Amtsperiode fiel auch der Bau der Berliner Mauer, auf deren Unrechtmäßigkeit er immer wieder verwies.

Heinrich Lübke hatte vierundzwanzig Jahre seines Lebens als Berliner Bürger verbracht. Seine und auch die Verbindung seiner Frau zu Berlin waren eng. In den Jahren der Präsidentenschaft besuchten die Lübkes immer wieder die Stadt und genossen den offiziellen zweiten Amtssitz des Bundespräsidenten, das Schloß Bellevue, das zu Ende der Amtszeit von Theodor Heuss fertiggestellt und eingeweiht worden war. Die Stadt hat die Treue mit der Ehrenbürgerschaft für Heinrich Lübke belohnt.

Nicht minder engagierten sich Heinrich und Wilhelmine Lübke für die Fragen und Probleme des europäischen Einigungsprozesses. Schon als Landwirtschaftsminister versuchte Lübke, die wirtschaftlichen Fragen europäisch zu lösen und sah in gesamteuropäischer Politik die Voraussetzung zum friedlichen Zusammenleben der Völker.

In diesen Jahren machten die Staatsbesuche vom französischen Staatspräsidenten Charles de Gaulle im September 1962, von John F. Kennedy, dem Präsidenten der USA, im Juni 1963 und von Königin Elizabeth von England im Mai 1965 deutlich, daß die gute europäische Nachbarschaft und die Wiedereingliederung Deutschlands in die Reihe der freien, geachteten Völker gelungen war. Die Villa Hammerschmidt und das Präsidentenpaar Lübke gerieten in solchen Augenblicken in den Mittelpunkt des Geschehens. Mit fast unrepublikanischem Pomp und Glanz ehrte man dort die hohen Gäste. Doch die Bundesbürger sahen gebannt und größtenteils begeistert auf ihren Fernsehschirmen den Empfängen und Ehrungen zu. Sie fühlten sich aufgewertet, und das hoheitsvolle Auftreten ihres ältlichen Bundespräsidentenpaares fand durchaus Zustimmung.

Das verdienstvollste Bemühen von Heinrich Lübke aber war, daß er die Bundesbürger auf die politische Notwendigkeit und die moralische Verpflichtung hinwies, den Völkern der Dritten Welt zu helfen. Bei fünfzehn großen Auslandsreisen in vierunddreißig vor allem afrikanische, asiatische und südamerikanische Länder nahmen er und seine Frau alle Strapazen auf sich, um die Bereitschaft der Bundesrepublik zur partnerschaftlichen Zusammenarbeit und Unterstützung zu bekunden.

Der Gedanke der Hilfe zur Selbsthilfe stand hierbei immer im Vordergrund. Ein Höhepunkt dieser Bemühungen war die Gründung des Deutschen Entwicklungsdienstes, die am 24. Juni 1963 in der

Bundespräsident Heinrich Lübke und seine Frau Wilhelmine auf einem Gala-Empfang in Schloß Brühl für König Bhumibol und Königin Sirikit von Thailand, 26. Juli 1960.

Villa Hammerschmidt in Gegenwart von John F. Kennedy stattfand.

Kurz nach der Wiederwahl Heinrich Lübkes am 1. Juli 1964 veränderte sich das politische Klima in der Bundesrepublik. 1966 trat Bundeskanzler Ludwig Erhard, der als Nachfolger Adenauers seit 1963 im Amt war, zurück. Ohne vorangehende Wahl bildeten Christdemokraten und Sozialdemokraten unter Bundeskanzler Kiesinger die Große Koalition. Politische Unruhen, ausgelöst durch die Außerparlamentarische Opposition (APO) der Jugend, verunsicherten den Staat und die Bürger. Der durch die Angriffe auf seine Tätigkeit während der Nazi-Zeit stark belastete Bundespräsident war diesen gesellschaftlichen und politischen Herausforderungen nicht gewachsen.

Als beim Besuch von Reza Pahlewi,dem Schah von Persien, am 2. Juni 1967 in Berlin bei Demonstrationen gegen den persischen Herrscher der Student Benno Ohnesorg erschossen wurde, begann offen die Revolte der jungen Leute gegen den Staat. Der Präsident, damals schon schwerkrank – seine körperlichen und geistigen Kräfte verfielen zunehmend –, schwieg sowohl zu diesem Ereignis als auch zu dem Attentat auf Rudi Dutschke Ostern 1968. Statt seiner fand Gustav Heinemann, zu dieser Zeit Justizminister der Großen Koalition, die Worte, die von der aufgebrachten Jugend verstanden und angenommen wurden.

Am 30. Januar 1969 verließ Heinrich Lübke drei Monate vor Ablauf seiner zweiten Amtsperiode die Villa Hammerschmidt.

In der »Zeit« schrieb Rudolf Zundel am 5. Juli 1974 »Der biedere Heinrich Lübke, Präsident nach Adenauers skandalösem Rückzug von der eigenen Kandidatur, dann noch einmal im Zeichen der zu Ende gehenden Kanzlerdemokratie und während der Großen Koalition, hatte wohl die schwerste Rolle als Staatsoberhaupt. Er begleitete den Abschluß einer Ära, sah sich persönlich angefochten und erlebte noch die Studentenrevolte von 1968, ohne den Wandel, der sich darin ankündigte, recht verstehen zu können.«

Wilhelmine Lübke kehrte an ihrem neunzigsten Geburtstag am 9. Mai 1975 noch einmal in die Villa Hammerschmidt, den Ort ihres erfolgreichen

Wirkens, zurück. Bundespräsident Walter Scheel und seine Frau Mildred gaben ihr zu Ehren einen Vormittagsempfang und ein Abendessen im kleinen Kreis, zu dem nur ihre und ihres verstorbenen Mannes engste Freunde und Mitarbeiter gebeten worden waren.

Noch einmal wurde in diesen Tagen in allen führenden Zeitungen an Wilhelmine Lübke und dabei auch an die Amtszeit Heinrich Lübkes erinnert. Sehr vieles aus jener Zeit war bereits vergessen oder sah man nun mit gerechterem Blick.

In der Amtszeit von Bundespräsident Heinrich Lübke und vor allem durch das Wirken seiner Frau Wilhelmine war die Villa Hammerschmidt im Bewußtsein der bundesdeutschen Bevölkerung erst richtig zum Präsidentenpalais geworden.

... während der Amtszeit von Gustav Heinemann (1969–1974)

Als am 30. Juni 1974 inmitten von tausend Gästen aus Politik, Kirche und Kunst auf dem Rheindampfer »Drachenfels« Gustav Heinemann (1899–1976) Abschied vom höchsten Staatsamt feierte, ließen die familiäre Atmosphäre des Abends und die zahlreichen Bekundungen des Respekts und der Verehrung Hilda Heinemann (1896–1979) fast vergessen, daß nach ihrer Meinung die Integrationskraft und die Lebensleistung ihres Mannes, ohne den es keine sozial-liberale Koalition und auch nicht deren Ostpolitik gegeben hätte, nicht genügend gewürdigt wurde.

Pomp und Feierlichkeit hatte man an diesem Abend bewußt vermieden. Nicht die fernsehwirksame Barockkulisse des Brühler Schlosses, kein roter Teppich, auch nicht der Große Zapfenstreich oder das »Deutschlandlied«. Der schlichte Abschied des »Bürgerpräsidenten« verdeutlichte, daß sich in seiner Amtszeit äußere Formen und weiterreichend auch politische und gesellschaftliche Strukturen in der Bundesrepublik verändert hatten.

Die Wahl Gustav Heinemanns am 5. März 1969 zum ersten sozialdemokratischen Bundespräsidenten nach Friedrich Ebert war von zahlreichen Bundesbürgern geradezu als Signal zum Wandel des politischen Klimas in der Bundesrepublik angesehen worden. Die aufbegehrende Jugend, aber auch weite Kreise der Sozialdemokratie, standen in diesen Jahren den politischen, moralischen und wirtschaftlichen Errungenschaften der ersten zwanzig Aufbaujahre der Bundesrepubik kritisch gegenüber. Sie begrüßten einen Präsidenten, der seine Sympathie für die Veränderer offen zeigte, das Ende des Obrigkeitsstaates verkündete, den mündigen Bürger forderte und in seinem Leben immer wieder bewiesen hatte, daß er sich nur seinem Gewissen verantwortlich fühlte und unerschrocken und eigenwillig seinen Weg ging.

Viele Jahre lang hatte Gustav Heinemann erst als Abgeordneter der CDU und Innenminister, später als Abgeordneter der SPD und Justizminister dem Deutschen Bundestag angehört. Zu dieser Zeit wohnte er montags bis freitags in einem Appartement in Bonn und verbrachte das Wochenende bei seiner Familie in Essen. Dort lebten die Heinemanns in einer gemieteten Dienstvilla der Rheinstahlwerke in Essen-Süd. Für den Bundespräsidenten war dies keine Lösung auf Dauer. Hilda und Gustav Heinemann, damals vierundsiebzig und siebzig Jahre alt, entschlossen sich deshalb, ihren letzten größeren gemeinsamen Lebensabschnitt in der Villa Hammerschmidt zu verbringen. An den Wochenenden jedoch kehrten sie oft nach Essen zurück.

In den Gazetten hieß es bald »Neuer Glanz bei Heinemanns«. In einer Open-house-Aktion hatte der Bundespräsident die Journalisten nach der Renovierung der Villa Hammerschmidt persönlich vom Keller bis zum Dach geführt. Um später möglichen Vorwürfen der Geldverschwendung vorzubeugen, hatte man Fotos von dem renovierungsbedürftigen Zustand des Hauses angefertigt. Auch dem kritischsten Betrachter wurde deutlich, daß nach zwanzig Jahren nun das Sanitärrohrleitungssystem erneuert, die Heizung in allen Räumen instandgesetzt, alle elektrischen Leitungen entsprechend den geltenden Vorschriften umgestellt, die Toiletten und Garderobenräume neugestaltet, die Räume des Hauses, einschließlich der Küchen und Anrichten, renoviert und das wertvolle Intarsienparkett abgeschliffen und versiegelt werden mußte.

Dem Geschmack Hilda und Gustav Heinemanns entsprach es, dem Haus eine heitere Note zu geben. Die meisten Wände wurden in ungebrochenem Weiß gestrichen. Viele moderne Lampen, aber auch Kristallüster gaben helles Licht. Für die

Bezüge der Stühle, Sessel, Sofas wählten die Heinemanns meist leuchtende Farben. In den einzelnen Räumen, auch in der großen Eingangshalle, bedeckten wertvolle, meist hellgrundige Teppiche die Böden. Im »Spitzwegzimmer« – früher Terrassenzimmer genannt – wurde ein Bechsteinflügel aufgestellt.

Später errichtete man im Garten des Grundstücks noch ein überdachtes Schwimmbad, damit der Präsident sein morgendliches Schwimmtraining nicht mehr in einer öffentlichen Badeanstalt absolvieren mußte, und einen kleinen Spielplatz für die Enkel des Präsidentenpaares.

»Gemütlich, gut bürgerlich, nicht aufgedonnert, aber mit gedämpfter Modernität«* urteilte die Presse. Sie war sich einig, daß es den Heinemanns unter Mithilfe der befreundeten Essener Innenarchitektin Erny Haas gelungen war, sich ein Heim zu schaffen, das sowohl den privaten Bedürfnissen als auch den Repräsentationspflichten des Bundespräsidenten entsprach.

Einige Wochen nach dem Einzug sorgte Hilda Heinemann dafür, daß eine Reihe der noch aus der Heuss'schen Amtszeit stammenden Gemälde in den Repräsentationsräumen durch Bilder der Klassiker des 20. Jahrhunderts ersetzt wurden. Als Leihgaben von Künstlern und Sammlern schmückten die Wände nun Werke von Baumei-

* Eberhard Nitschke, »Die Probleme mit der Villa Hammerschmidt« in »Die Welt« vom 23. Juni 1984.

ster, Grieshaber, Jawelinsky, Kandinsky, Klee, Nay, Nolde und Fritz Winter.

Das ältere Ehepaar, für das jetzt, wie die Familie frotzelnd meinte, die »Palastzeit« begann, konnte auf ein langes, glückliches gemeinsames Leben zurückblicken. Gustav und Hilda Heinemann lernten sich 1922 in Marburg kennen. Gustav Heinemann war zu dieser Zeit Rechtsreferendar, Hilda Ordemann studierte noch Germanistik, Geschichte und Theologie. Nach ihrer Eheschließung 1926 – Hilda Ordemann hatte zuvor ihr Referendarexamen abgelegt, wurde aber nie berufstätig – zog das junge Paar nach Essen, wo Gustav Heinemann schnell Karriere machte. Er war zunächst Anwalt in einer bekannten Sozietät, später bei den Rheinischen Stahlwerken Justitiar, stellvertretendes Vorstandsmitglied und – im Krieg unabkömmlich – 1945 Bergwerksdirektor und Ordentliches Vorstandsmitglied.

Lebenslang wirkte Gustav Heinemann gleichzeitig in juristischen, wirtschaftlichen, politischen und kirchlichen Bereichen. Als überzeugter Christ lebte er aus der Kraft des Geistigen. Sie gab ihm Mut bei allen Handlungen im religiösen und politischen Bereich. So setzte er sich in der Weimarer Republik im Christlich Sozialen Volksdienst ein, der die deutschnationalen Tendenzen des preußischen Protestantismus bekämpfte, unterzeichnete er die Barmer Theologische Erklärung, in der sich die »Bekennende Kirche« gegen den Machtanspruch der nationalsozialistischen »Deutschen Christen« verwahrte, und verfertigte zusammen mit seiner Frau und Gesinnungsgenossen im Keller

Bundespräsident Gustav Heinemann und seine Frau Hilda.

seines Essener Hauses die sogenannten Grünen Blätter, in denen den Mitgliedern der Bekennenden Kirche zwischen den Synoden über die Ereignisse der Gemeinden berichtet wurde.

Nach dem Zusammenbruch 1945 wurde Gustav Heinemann Mitglied des Rates der Evangelischen Kirche in Deutschland und von 1949–1955 Präses der Gesamtdeutschen Synode. Er war auch Mitunterzeichner der Stuttgarter Schulderklärung von 1945, die die Mitverantwortung eines jeden zur Zeit des Nationalsozialismus lebenden Christen an den Greueln der Nazi-Zeit öffentlich bekannte.

Gleich nach Kriegsende trat Gustav Heinemann der CDU bei, wurde Oberbürgermeister von Essen und ab 1947 Landtagsabgeordneter und Landesjustizminister von Nordrhein-Westfalen. 1949 in den ersten Bundestag gewählt und im ersten Kabinett Adenauer Bundesinnenminister, trat er 1950 von dieser Aufgabe zurück, da er so kurz nach dem Zweiten Weltkrieg mit einem deutschen Wehrbeitrag nicht einverstanden war und Adenauers Deutschlandpolitik mißbilligte. 1952 verließ er die CDU und gründete die Gesamtdeutsche Volkspartei, die den Gedanken der Neutralität vertrat. 1957 löste Gustav Heinemann die bei den Wählern erfolglose Partei auf und schloß sich der SPD an, die ihm ein Bundestagsmandat gab und ihn in den Parteivorstand berief. Nach der Bildung der Großen Koalition unter Bundeskanzler Kiesinger wurde Gustav Heinemann Bundesjustizminister. Hier wirkte er mit Erfolg im fortschrittlich liberalen Sinne. Im November 1968 nominierte ihn die SPD für das Amt des Bundespräsidenten. Im März 1969 gaben die Stimmen der FDP den Ausschlag, daß Gustav Heinemann in das erste Staatsamt gewählt wurde.

Hilda Heinemann und die vier Kinder hatten die bewegten Jahre, in denen Gustav Heinemann sowohl Zustimmung als auch Ablehnung, vor allem aber auch Mißdeutung und Unverständnis erfahren hatte, in der Gewißheit verbracht, daß er in christlicher Verantwortung nur seinem Gewissen verpflichtet handele.

Die Amtszeit Gustav Heinemanns als Bundespräsident fiel in die ereignisreichen ersten fünf Jahre der sozial-liberalen Koalition. Damals bewegten und erschütterten die Bundesbürger die neue Ostpolitik, die gesellschaftlichen Reformvorhaben, der politische Terrorismus und die erste Energiekrise. Der dritte Bundespräsident erwies sich in mancher problematischen Situation als Anwalt des Maßes und der Vernunft. Immer wieder verwies er auf die Vorzüge der Demokratie, plädierte für Humanität und Toleranz und forderte die Bürger auf, sich ihrer Selbstverantwortung, aber auch Mitverantwortung für den Nächsten bewußt zu sein. Gustav Heinemann war kein bequemer Präsident. Unerschrocken machte er auf die schmerzhaften Ereignisse der Vergangenheit und Gegenwart aufmerksam. Seine vordringlichste Aufgabe aber sah er darin, sich für diejenigen einzusetzen, die in unserer Wohlstandsgesellschaft zu kurz kommen.

Auch Hilda Heinemann, sein »Staatssekretär ehrenhalber«, wie er seine Frau nannte, engagierte sich in caritativen, sozialen Bereichen. Ohne festes Programm, für alle Probleme der praktischen Nächstenliebe offen, verwandte sie ihre Stellung als Präsidentenfrau dazu, »Türen zu öffnen«, wie sie es nannte. Unterstützt von ihrer Persönlichen Referentin Ruth Bahn-Fleßburg machte sie ihren Einfluß geltend, um unkonventionell zu helfen. Auch setzte sie sich für amnesty international ein und gründete die »Hilda-Heinemann-Stiftung – Wohnstättenheim für geistig Behinderte«, die geistig behinderten jungen Menschen über achtzehn Jahren Lebensraum schuf. Ohne diese Einrichtung hätten sie in Siechenheimen oder Nervenheilanstalten untergebracht werden müssen.

Schon bald nach dem Einzug von Gustav und Hilda Heinemann wurde die Villa Hammerschmidt zu einem Zentrum der Initiativen für die hilflosesten Gruppen unserer Gesellschaft: für die geistig und körperlich Behinderten, die Straffälligen, die Fürsorgezöglinge, die Obdachlosen und auch die sogenannten Gastarbeiter. Viele bemerkenswerte Anstöße gingen in diesen Jahren von hier aus und erwiesen sich als segensreich in der Zukunft.

Auch vereinfachte sich in diesen fünf Jahren der Ära Heinemann der Repräsentationsstil in der Villa Hammerschmidt. Nicht zu verändern waren alle protokollarisch geregelten Abläufe, die den Empfang ausländischer Staatsbesuche betrafen, wie zum Beispiel den des sowjetischen Parteichefs Leonid Breschnew im Mai 1973.

Zu ändern aber war eine Reihe von Regelungen, die ausschließlich bundesdeutschen Ereignissen galt. So setzte es Gustav Heinemann durch, daß bei den Besuchen der Ministerpräsidenten der Länder oder der Bundesminister nicht mehr Militärposten vor der Villa Hammerschmidt aufmarschierten, daß statt des Cutaway bei Neujahrsempfängen im Hause der dunkle Straßenanzug genehm und bei Staatsempfängen neben Frack und Uniform auch der Smoking gestattet war. Viel Beachtung fand auch, daß bei den zweiundeinhalbstündigen Neujahrsempfängen in der Villa Hammerschmidt nun nicht mehr nur hohe Mandatsträger aus Verwaltung, Justiz, Bundeswehr, Politik geladen wurden, sondern auch Vertreter der Gewerkschaften, der Verbände, Kirchen und vor allem Vertreter aller Bevölkerungsschichten, also Bauarbeiter, Entwicklungshelfer, Gastarbeiter, Krankenschwestern, Verkäuferinnen usw.

Genauso veränderten Gustav und Hilda Heinemann die Formen der gesellschaftlichen Zusammenkünfte. Statt nur der Geselligkeit dienenden Einladungen in die Villa Hammerschmidt initiierte Gustav Heinemann abendliche Gesprächsrunden, die Expertenkreise von maximal dreißig Teilnehmern zunächst zum Abendessen und später zur Diskussion vereinten. Der Gedankenaustausch gab bei der Beantwortung mancher gesellschaftlichen, rechtlichen und politischen Frage Hilfestellung.

Hilda Heinemann lud ebenfalls in anderer als bisher üblicher Weise ins Haus. Alle zwei Monate veranstaltete sie Vernissagen, bei denen sie Werke vornehmlich junger Künstler zeigte, mit deren Schaffen sie sich auseinandergesetzt hatte. Ihre Unterstützung verhalf diesen Künstlern oftmals zum Erfolg. Auch lud sie zu Konzerten moderner Komponisten wie zum Beispiel Karlheinz Stockhausen und Wilhelm Killmayer ein. Ganz allgemein stand in diesen Jahren die Villa Hammerschmidt Besuchern aus allen Schichten der Bevölkerung offen. Mehr als bisher sollte bewußt werden, daß der Bundespräsident und seine Frau sich vor allem als Mitbürger empfanden.

Als Gustav Heinemann aus seinem Amt schied, fragten ihn die Journalisten, wie er selbst seinen Einfluß auf die Entwicklung der Bundesrepublik beurteile. Nüchtern und präzise antwortete der Präsident auf die Frage, ob er im Bewußtsein scheide, etwas bewegt oder verändert zu haben, mit: »Bewegt ja, Durchbruch nein!«

Doch damit hatten Gustav und Hilda Heinemann, die Geist und Gebräuche in der Villa Hammerschmidt zu ändern versuchten, in diesen innen- und außenpolitischen Umbruchsjahren viel für die damalige Zeit und auch für die Zukunft erreicht.

... während der Amtszeit von Walter Scheel (1974–1979)

»Hoch auf dem gelben Wagen ...« Als der damalige Außenminister und F.D.P.-Vorsitzende Walter Scheel (geb. 1919) in der ZDF-Sendung »Drei mal neun« am 6. Dezember 1973 das alte Volkslied vortrug, fand er allgemein die Anerkennung der Fernsehzuschauer. Das Lied wurde in kürzester Zeit so populär, daß seine Schallplattenaufnahme monatelang die Hit-Parade anführte und der Verkaufserfolg der Benefizplatte dem guten Zweck, der Aktion Sorgenkind, einen hohen finanziellen Gewinn garantierte.

Den Bundesbürgern hatte der schwungvolle Ton gefallen, das unprätentiöse Auftreten des Außenministers, der zudem über eine gute Baritonstimme verfügte, wirkte erfrischend.

Ob bewußt oder unbewußt, in jedem Falle hatte Walter Scheel mit diesem Auftritt dazu beigetragen, daß die Bürger seiner späteren Kandidatur für das höchste Staatsamt wohlwollend gegenüberstanden. Anders als die CDU oder weite Teile der SPD und auch die eigene Partei gönnten sie dem durch mehrere Nierensteinoperationen geplagten, erst fünfundfünfzigjährigen Politiker den Rückzug aus der Parteipolitik in das ruhigere erste Staatsamt, das bis dahin eine Domäne würdiger älterer Herren gewesen war.

Walter Scheel aber hätte sich vermutlich auch durch geringere öffentliche Zustimmung nicht beirren lassen. Pragmatisch, wendig, bei aller Liebenswürdigkeit und Verbindlichkeit mit Durchsetzungskraft und Ehrgeiz ausgestattet, zeigt er in seiner Karriere als Politiker, daß er mit sicherem Instinkt seine Chancen immer richtig einzuschätzen und zu nutzen wußte.

Die Gelegenheit schien ihm auch im Blick auf seine Partei günstig. Nicht so schnell würde diese noch einmal in der Lage sein, den Bundespräsidenten zu stellen.

Mehr noch als ein Gegenspieler, der ein Jahr jüngere CDU/CSU-Kandidat Richard von Weizsäcker, verkörperte Walter Scheel zu dieser Zeit den Typ des erfolgreichen Nachkriegsdeutschen. Mit ihm als Präsidenten gelangte erstmals ein Vertreter jener Generation in das höchste Staatsamt, die nicht mehr als mitverantwortlich für das Entstehen der zwölf Jahre Nazi-Diktatur angesehen werden konnte.

Vor allem jüngere Bürger hatten seit längerem auf einen Generationswechsel in Bonn gehofft. Mit Walter Scheel und seiner Frau Mildred (1932–1985) kündigte er sich an. Ihr Auftreten entsprach dem freieren Geist, der seit den Studentenunruhen und der sozialliberalen Koalition in der Bundesrepublik spürbar wurde.

Der seit langem bekannte FDP-Politiker – gelernter Bankkaufmann und im Krieg Oberleutnant in einem Nachtjagdgeschwader – hatte sowohl in der

Partei als auch in der Bundespolitik schnell Karriere gemacht.

1946 schloß er sich der F.D.P. in Solingen an, 1948 wurde er dort Stadtverordneter, von 1950 bis 1954 war er Landtagsabgeordneter in Düsseldorf. Von 1953 ab gehörte Walter Scheel dem Deutschen Bundestag an.

Ab 1955 vertrat er die Bundesrepublik im Europa-Parlament bzw. seinem Vorgänger, der Gemeinsamen Versammlung der Europäischen Gemeinschaft für Kohle und Stahl, und war von 1958 bis 1961 dort Vorsitzender des Ausschusses für die Zusammenarbeit mit den Entwicklungsländern und Vizepräsident der Liberalen Fraktion.

Im vierten Kabinett Adenauer wurde Walter Scheel 1961 Minister für wirtschaftliche Zusammenarbeit. Er behielt dieses Amt auch im ersten und zweiten Kabinett Erhard. Der Rücktritt der FDP-Minister aus der CDU/CSU/FDP-Koalition 1966 trug entscheidend zum Sturz von Bundeskanzler Erhard bei.

In der Zeit der Großen Koalition, in der die FDP in der Opposition stand, wurde Walter Scheel 1967 Nachfolger des verstorbenen Thomas Dehler als Bundestagsvizepräsident. In den folgenden Jahren gewann er sowohl in seiner Partei als auch in der Bundespolitik zunehmend an Bedeutung. Im Januar 1968 wählten die Delegierten ihn auf dem Freiburger Reformparteitag der F.D.P. zum Parteivorsitzenden. Bei der Bundespräsidentenwahl 1969 überzeugte er seine Parteifreunde von der Notwendigkeit der Wahl des SPD-Kandidaten Gustav Heinemann.

Bundespräsident Walter Scheel und seine Frau Mildred mit den Kindern Simon-Martin, Cornelia und Andrea-Gwendolyn in Hinterthal (Österreich), 19. August 1974.

Ganz allgemein steuerte Walter Scheel zusammen mit Willy Brandt in dieser Zeit auf eine sozialliberale Koalition hin. Obwohl die Wähler bei der Bundestagswahl 1969 den neuen Kurs der F.D.P. nicht honorierten und die Partei das schlechteste Wahlergebnis seit ihrem Bestehen verkraften mußte, entschlossen sich Walter Scheel und Willy Brandt in der Nacht zum 29. September 1969 zur Bildung der sozial-liberalen Regierung. Am 21. Oktober 1969 wurde Walter Scheel Bundesaußenminister und Stellvertreter des Bundeskanzlers. Unter seiner entschiedenen Mitwirkung entstand die neue Ostpolitik, die – anfangs heftig umstritten und bekämpft – zur Arbeitsgrundlage auch der Politik der späteren Regierungen unter den Kanzlern Schmidt und Kohl wurde.

Daß der Warschauer, der Moskauer und schließlich der Grundlagenvertrag vom Parlament ratifiziert wurden, war in hohem Maß auch ein Verdienst Walter Scheels.

Im Frühjahr 1968 hatte der Witwer Walter Scheel die Röntgenfachärztin Dr. Mildred Wirtz im Alpensanatorium am Tegernsee kennengelernt, wo er sich nach einer Nierensteinoperation erholte.

Seit Sommer 1969 waren Walter und Mildred Scheel verheiratet und bewohnten mit ihren drei Kindern – der Tochter Cornelia, aus einer früheren Verbindung von Mildred Scheel, der gemeinsamen Tochter Andrea-Gwendolyn und dem bolivianischen Adoptivsohn Simon-Martin – auf dem Venusberg in der Schleichstraße ein Einfamilienhaus.

Walter Scheel war zu dieser Zeit ein vielgefragter Außenminister. Wie es bei diesem Amt üblich ist, war der Hausherr »kaum noch zu Hause zu sehen, immer auf Achse, soll heißen im Flugzeug rund um die Welt«.*

Dem Familienleben war das wenig förderlich. Vermutlich war dies der Hauptgrund, weshalb Mildred Scheel gleich nach der Wahl ihres Mannes zum vierten Bundespräsidenten im Mai 1974 dem Umzug in die Villa Hammerschmidt zustimmte, obwohl die sich hieraus ergebenden Zwänge ihrem freien, unkonventionellen Lebensstil entgegenstehen mußten.

Es ist Walter Scheel zu verdanken, daß die weiße Villa am Rhein damals in ihrer ursprünglichen Form belassen wurde. Zum Präsidentenwechsel 1974 hatte man eigentlich deren Umgestaltung vorgesehen. Hierbei sollte das Haupthaus der alten Villa als Eingangsbereich erhalten bleiben, während rechts und links flankierende Neubauten dazukommen sollten. In modernster Ausstattung wollte man den Amts- und Wohnsitz des Präsidenten mit dem Präsidialamt vereinen. Walter Scheel wandte sich mit Erfolg gegen die bereits vorliegenden Pläne, die das altertümliche Haus entstellt und das Rheinufer durch funktionale Neubauten entromantisiert hätten.

Nach seinen Vorstellungen sollte die Villa Hammerschmidt ein bürgerliches Haus bleiben, in dem

* Hans Roderich Schneider, »Walter Scheel«, Verlag Bonn Aktuell, 1974, S. 60.

der erste Mann im Staate sowohl erfolgreich arbeiten als auch angemessen leben konnte.

Um dennoch dem Präsidialamt zum notwendigen Platz zu verhelfen, verlegte er sein offizielles Amtszimmer von dort in einen der dem Rhein zugewandten Räume der Villa Hammerschmidt und die Büroräume seiner engsten Mitarbeiter teils in die Villa und teils in das benachbarte Palmenhaus. Bis heute folgt man dieser Umgestaltung und Nutzung.

Walter Scheel gab der unmittelbaren Umgebung des Hauses ein anderes Gesicht. Er ließ eineinhalb Meter Erde vor dem Haupteingang anschütten, damit die pompöse Eingangstreppe jetzt nur noch wenige Stufen hatte. Auch veranlaßte er, daß die Asphaltierung des Hausvorplatzes durch eine Bepflasterung ersetzt und eine Esplanade für das Wachbataillon geschaffen wurde, das bisher auf dem Rasen Aufstellung nehmen mußte. Nicht zu vergessen ist auch, daß zu seiner Amtszeit das Haus einen neuen Außenanstrich erhielt.

Beraten von den Münchener Architekten Professor Paolo Nestler und Professor Werner Wirsing, gestaltete der neue Präsident auch die Repräsentationsräume um. Hier wurden die angeblich tragenden Säulen, die sich als Attrappen erwiesen hatten, aus seinem Arbeitszimmer entfernt, Holzdekken eingezogen und das Parkett, wo es nötig war, erneuert. Zur Möblierung der Amtsräume verwandte Walter Scheel bevorzugt rostrotes Mahagoniholz und schwarzes Leder.

In ihren Privaträumen im ersten Stock arrangierte sich die Familie Scheel »irgendwie zwischen

Staat und Jugendstil«, wie Mildred Scheel sagte. Generell wurde Rauhfaser geklebt und hellgrau gestrichen. Die Böden bedeckte dunkelbrauner Teppichboden. Die Kinder hatten für ihre Zimmer im nördlichen Teil des ersten Stocks Blümchentapeten gewählt.

Wie seit Lübkes Zeiten üblich, wurden drei der Räume im ersten Stock zu Repräsentationszwekken mitbenutzt. Den zu Theodor Heuss' Zeiten »Neumannzimmer« genannten Raum im Dachgeschoß gestalteten die Scheels zu einem Filmvorführraum um.

Mit dem Einzug der Scheels bestimmte neben der würdigen Staatsrepräsentation – der sich Walter und Mildred Scheel ebensowenig wie ihre Vorgänger entziehen konnten – das Leben einer jungen Familie die Atmosphäre des Hauses. Das Ehepaar empfing oft auch private Freunde in seinen Räumen. Die Kinder, deren Freunde und ein Dakkel sorgten für Fröhlichkeit. Je nach Einstellung erzählte man in Bonn belustigt oder schockiert von den munteren Scheel-Kindern und ihrem Anhang, die im Springbrunnen vor dem Haus ein Bad nahmen, mit Schlammstiefeln über das Hochglanzparkett schlitterten und den Präsidenten in seinem Arbeitszimmer auch dann aufsuchten, wenn er gerade offiziellen Besuch hatte.

Ganz allgemein gefiel der neue Stil in der Villa Hammerschmidt. Die oftmals erstrebte und propagierte Bürgernähe ergab sich hier von selbst.

Dennoch war über Würde, Eleganz und Weltgewandtheit des Präsidentenpaares bei allen offiziellen Auftritten nicht zu streiten. Walter und Mildred

Scheel empfingen oder besuchten in diesen Jahren fast alle Größen der damaligen politischen Szene wie die amerikanischen Präsidenten Ford und Carter, den japanischen Kaiser Hirohito, den KPdSU-Generalsekretär Breschnew, den spanischen König Juan Carlos, um nur einige zu nennen. Nach Jahren strengeren Zuschnitts herrschte nun wieder heiterer Glanz in Bonn.

Tiefe Schatten warfen allerdings die in diesen Jahren kulminierenden Terroranschläge der Rote Armee Fraktion (RAF), die trotz der staatlichen Gegenmaßnahmen eskalierten. Geiselnahme, Erpressung und Mord trafen Repräsentanten der bundesdeutschen Gesellschaft. Ereignisse wie die Ermordung des Kammerpräsidenten von Drenkmann (1974), die Geiselnahme des Berliner CDU-Vorsitzenden Lorenz (1975) und – als traurige »Höhepunkte« der terroristischen Aktivitäten im Jahre 1977 – die Ermordung von Generalbundesanwalt Buback, Bankier Ponto und Arbeitgeberpräsident Schleyer machten wie die Befreiung der entführten Lufthansamaschine in Mogadischu den Terrorismus zum beherrschenden innenpolitischen Thema. Das Leben in der Villa Hammerschmidt glich zeitweise dem Leben in einer belagerten Festung. Mehr als zwanzig Angehörige der Grenzschutzsondereinheit (GSG 9) befanden sich im Haus, die Fenster waren mit Sandsäcken geschützt, im Park patroullierte ein Panzerspähwagen.

Entscheidend zum Erfolg der Präsidentschaft Walter Scheels aber trug neben seinen eigenen Verdiensten das Wirken und Auftreten seiner Frau

Mildred bei. Die engagierte Röntgenfachärztin, die in ihrer Berufspraxis dem Krebs in fast allen Erscheinungsformen täglich begegnet war, benutzte ihre Stellung als Präsidentenfrau dazu, energisch alle Möglichkeiten und Kräfte im Kampf gegen die Krankheit zu mobilisieren. Vier Monate nach der Wahl ihres Mannes zum Bundespräsidenten gründete sie die Deutsche Krebshilfe e.V., der sie von nun an fast ihre gesamte Arbeitskraft und Energie widmete.

Unkonventionell, ideenreich, ungeniert nutzte sie ihre glänzenden Beziehungen zu Presse, Industrie, Banken, Wohlfahrtsverbänden, um die notwendige finanzielle, aber auch ideelle Unterstützung für ihre Lebensaufgabe zu erhalten. In der Nähe des Bundeshauses richtete sie in der Anfangszeit der Deutschen Krebshilfe e.V. ein großes Büro ein, dem bald darauf weitere Geschäftsstellen in Köln und München folgten. Wenn auch der Krebs seither nicht besiegt wurde, so hat doch Mildred Scheels Einsatz einmal mehr bewußt gemacht, daß alle Kräfte gegen diese Menschheitsgeißel eingesetzt werden müssen. Als sie selbst, erst dreiundfünfzigjährig, am 13. Mai 1985 an dieser Krankheit starb, trauerten viele Bundesbürger um diese eigenwillige, mutige, unabhängig denkende und handelnde Frau.

Die Villa Hammerschmidt hatten die Scheels damals bereits seit sechs Jahren verlassen. Walter Scheel hatte nicht mehr für eine Wiederwahl kandidiert. Für die Erziehung der Kinder war es sicherlich zum Vorteil, daß die Familie das Präsidentenhaus verließ. Denn bei allem Bemühen um Normalität – die Villa Hammerschmidt ist kein schlichtes Bürgerhaus mehr.

... während der Amtszeit von Karl Carstens (1979–1984)

Kurz vor der Bundespräsidentenwahl am 23. Mai 1979 hielt es Bremens Altbürgermeister Wilhelm Kaisen, SPD, für ein Gebot der Fairneß, öffentlich für Karl Carstens (geb. 1914) einzutreten, den die CDU als ihren Kandidaten für das Amt des Präsidenten vorgesehen hatte.

Carstens, der über fünf Jahre Bevollmächtigter der Freien Hansestadt Bremens beim Bund in Bonn gewesen war, erfreute sich der besonderen Hochschätzung seines ehemaligen Chefs. »Ich kann nicht sagen, er ist ein Liberaler. Ich kann nicht sagen, er ist ein CDU-Mann. Ich kann nicht sagen, er ist ein Konservativer. Für mich persönlich ist er die Inkarnation der guten Eigenschaften des deutschen Bürgertums«,* urteilte der damals Zweiundneunzigjährige.

Der Nominierung Karl Carstens für das höchste Staatsamt waren heftige politische Auseinandersetzungen gefolgt. Man warf ihm nationalistische Engstirnigkeit, Standesdünkel und vor allem seine Mitgliedschaft in der Nationalsozialistischen Deutschen Arbeiterpartei (NSDAP) vor. In der Tat hatte

* Wolfgang Wiedemeyer, »Im Dienste unseres Staates, Bundespräsident Karl Carstens«, Verlag Bonn Aktuell, 1980, S. 76.

er während seines Studiums als mittelloser Sohn eines im Ersten Weltkrieg gefallenen Studienrats staatliche finanzielle Unterstützung erhalten, die an eine Zugehörigkeit zur NSDAP gebunden war.

Mit ihrer scharfen Kritik an der Person des Bewerbers hofften damals die politischen Gegner Carstens, doch noch die Wiederwahl Walter Scheels durchzusetzen. Einem neuerlichen Machtwechsel, diesmal zugunsten der CDU, sollte damit vorgebeugt werden.

Ende der siebziger, Anfang der achtziger Jahre hatte sich die Kraft des sozial-liberalen Bündnisses erschöpft. Auch wenn Karl Carstens Amtsübernahme keinen unmittelbaren Regierungswechsel nach sich zog, so war sie doch ein Zeichen der Neuorientierung, das allgemein verstanden wurde.

Souverän und klug auftretend, konnte der fünfte Bundespräsident nach seinem Amtsantritt alle Einwände gegen seine Person entkräften. Und bereits während der Mitte seiner Amtszeit galt er – der umsichtig seine Aufgaben erfüllte und mit seinen Wanderungen durch die Bundesrepublik ein »Präsident zum Anfassen« geworden war – als geradezu populär.

Auch gefiel den Bundesbürgern der schlichte persönliche Stil des Präsidenten und seiner Frau Veronica (geb. 1923).

Da das Ehepaar im nahegelegenen Meckenheim bei Bonn ein Einfamilienhaus besaß, in dem auch die Kassenarztpraxis mit Ausrichtung auf Homöopathie und Naturheilkunde von Dr. Veronica Carstens untergebracht war, stellte sich die Frage nach dem Wohnen in der Villa Hammerschmidt erst gar nicht. Wie bereits zu Lübkes Zeiten wurde das Haus vornehmlich zum präsidialen Amtssitz. Das Ehepaar Carstens behielt sich lediglich drei Zimmer als Privatrefugium vor – als Bleibe für alle Fälle.

Auch nun wurden Räume im ersten Stock zu Repräsentationszwecken hergerichtet. Im sogenannten Kaminzimmer legte man, beraten von der Innenarchitektin Jutta von Gwinner, eine Kassettendecke aus dem 19. Jahrhundert frei, die man nach dem Zweiten Weltkrieg einfach überklebt und angestrichen hatte. Zwei Salons mit Blick auf den Rhein wurden zusätzlich renoviert. Man möblierte sie mit wertvollen alten Möbeln. Alle drei Räume dienten zu Einladungen im kleinen Kreis oder zu Konferenzen.

Sowohl Karl als auch Veronica Carstens war es immer bewußt, daß das Amt des Bundespräsidenten ein Amt auf Zeit ist. Für das kinderlose Ehepaar blieben deshalb seine bisherigen Bindungen an Interessen- und Lebensbereiche selbstverständlich. Dennoch erfüllten beide ihre Aufgabe nicht nur pflichtgemäß, sondern auch mit Freude.

Weihnachten 1944 hatten Karl und Veronica Carstens in der Flak-Kaserne in Berlin-Heiligensee geheiratet. Während Dr. jur. Karl Carstens dort als Ausbildungsoffizier tätig war, hatte man die Medizinstudentin Veronica Prior als Rote-Kreuz-Schwester in einem Lazarett in Heide im Dithmarschen kriegsdienstverpflichtet. Im April 1945 traf sich das junge Ehepaar im zerstörten Hamburg wieder.

Nach dem Ende des Zweiten Weltkriegs lebten sie dann zusammen mit der bereits 1914 verwitweten Mutter von Karl Carstens in dessen Heimatstadt Bremen. Karl Carstens, der Rechtswissenschaft und Politische Wissenschaft in Deutschland und Frankreich studiert hatte, eröffnete dort bereits 1945 eine Anwaltskanzlei. Ein Jahr später trat er in eine renommierte Sozietät ein. Von 1948 bis 1949 erhielt er ein Stipendium der Yale-Universität in New Haven, Connecticut, an der er den Master of Law, hervorragende englische Sprachkenntnisse und einflußreiche Freunde gewann. Nach seiner Rückkehr aus Amerika begann sein schneller Aufstieg in den Bereichen der Wissenschaften, der Diplomatie und der Politik.

Zunächst wurde Karl Carstens Rechtsberater des Bremer Senats. Der Senat schickte ihn von 1949 bis 1954 als Bevollmächtigten Bremens nach Bonn. Während dieser Tätigkeit habilitierte er sich an der Kölner Universität als Privatdozent für Staats- und Völkerrecht. Weitere Stationen seiner wissenschaftlichen Laufbahn waren seit 1960 die ordentliche Professur und die Leitung des Instituts für das Recht der Europäischen Gemeinschaft in Köln und gleichzeitig von 1969 bis 1972 die Leitung des Forschungsinstituts der Deutschen Gesellschaft für Auswärtige Politik in Bonn.

Konrad Adenauer, der auf den tüchtigen Juristen aufmerksam geworden war, bestimmte ihn von 1954 bis 1955 zum Leiter der Ständigen Vertretung der Bundesrepublik beim Europarat in Straßburg. In den Jahren von 1955 bis 1966 war er dann im Auswärtigen Amt tätig, zunächst als Leiter der Europa-Abteilung, dann der Politischen Abteilung und schließlich als Staatssekretär und Stellvertreter des Außenministers. Nach der Bildung der Großen Koalition 1966 wechselte er mit dem ehemaligen Außenminister Schröder als Staatssekretär in das Verteidigungsministerium. 1968 stand er dem Bundeskanzleramt vor. Mit der Regierungsübernahme der SPD/FDP-Koalition im Herbst 1969 schied er aus dem Staatsdienst aus.

Karl Carstens war siebenundfünfzig Jahre alt, als er sich der Politik zuwandte. Seit 1955 war er CDU-Mitglied. Nun wurde er 1972 Bundestagsabgeordneter und bereits 1973 Fraktionsvorsitzender der CDU-Opposition. Im September 1976 wählte man ihn zum Bundestagspräsidenten, im Mai 1979 zum Bundespräsidenten.

In den ersten elf Jahren ihres gemeinsamen Lebens war Veronica Carstens zunächst nur die junge Frau eines aufstrebenden Rechtsanwalts in Bremen und später eines hohen Bonner Beamten. Sie übernahm hierbei ohne Murren alle Verpflichtungen, die sich aus der Karriere ihres Mannes ergaben. Da sie ein in sich ruhender Mensch ist, der ausgeprägte musische Neigungen hat – nicht von ungefähr wollte sie ursprünglich Konzertviolonistin werden –, wußte sie mit ihrer Zeit immer etwas anzufangen.

Erst als endgültig feststand, daß sich ihr Wunsch nach einer großen Kinderschar nicht erfüllen würde, entschied sie sich, unterstützt von ihrem

Bundespräsident Karl Carstens und Frau Veronica vor der Villa Hammerschmidt.

Mann, 1956 dazu, ihr Medizinstudium wieder aufzunehmen. Nach einem gut bestandenen Examen erwarb sie ab 1960 eine internistische Fachausbildung im St. Josefs-Krankenhaus in Bonn-Beuel. Später arbeitete sie unentgeltlich in verschiedenen Bonner Krankenhäusern als Stationsärztin. Im Jahr 1968 entschloß sich Veronica Carstens, in Meckenheim, einem 15 km von Bonn entfernten Voreifelstädtchen, eine internistische Praxis aufzubauen, in der sie auch die Erkenntnisse der Naturheilkunde verwendet.

Als sie 1979 First Lady der Bundesrepublik wurde, riet ihr vor allem ihr Mann, ihre beruflichen Ambitionen nicht einzuschränken. Und so erlebten die Patienten in Meckenheim und Umgebung ihre Frau Doktor morgens bei Hausbesuchen und abends gelegentlich in eleganter Toilette auf dem Fernsehschirm.

Karl Carstens verstand seine Präsidentenschaft nicht grundsätzlich als eine neue Ära. Er ist nicht der Mensch, der um des eigenen Ansehens willen spektakuläre Signale setzen will. Bereits in seiner Antrittsrede am 1. Juli 1979 machte er deutlich, daß er sich in einer Reihe mit seinen Amtsvorgängern sah, die sich, jeder auf seine Weise, um Freiheit und Demokratie in der Bundesrepublik verdient gemacht hatten. Wie sie empfand er seine Aufgabe als Dienst »zum Wohle unseres Landes, unseres trotz der schweren Bürden, die es trägt – geliebten Vaterlandes.«

Seine späteren Äußerungen und auch der Stil seiner Amtsführung zeigten, daß sie von Vernunft, klaren Ordnungsvorstellungen und auch Zielstrebigkeit geprägt waren. Immer wieder trat er für die notwendige Toleranz Andersdenkenden gegenüber ein, verwies er auf die Wertvorstellungen, auf denen das Grundgesetz aufbaut, betonte er die Richtigkeit der Prinzipien der sozialen Marktwirtschaft. Vor allem aber war es sein Anliegen, auf die Höhen und Tiefen der deutschen Geschichte und auf die deutsche Kultur – auf Musik, Kunst, Literatur – hinzuweisen. Der hochgeachtete Präsident war kein einseitiger Spezialist. 1983 überraschte er die Öffentlichkeit mit einer Anthologie von dreihundert von ihm persönlich ausgewählten Gedichten.

Da zwischen seinem privaten und öffentlichen Verhalten keine Divergenzen bestanden, wirkte Karl Carstens immer glaubwürdig, und er erwies sich, wie es Wilhelm Kaisen bereits angedeutet hatte, als ein liberaler Konservativer, oder richtiger, als ein »Liberaler mit konservativer Komponente«.

In der Villa Hammerschmidt empfingen der Bundespräsident und seine Frau in diesen Jahren wie auch ihre Vorgänger Präsidenten, Könige, Politiker, Wirtschaftsführer, Wissenschaftler und Künstler. Besonders aufmerksam pflegte der Präsident, der als Hochschullehrer den Umgang mit der kritischen Jugend schätzte, das Gespräch mit Auszubildenden, Schülern und Studenten. Immer wieder wurden sie ab 1980 in die Villa Hammerschmidt gebeten. Nicht jedesmal verliefen diese Treffen harmonisch. Doch gerade wenn es zu Auseinandersetzungen kam, ermunterte der Präsident die jungen Leute, durch ihre offenen Meinungsäußerungen, die er stets ernst nahm, zur Problemklärung beizutragen.

Veronica Carstens übernahm in diesen Jahren die Aufgabe, die jede Präsidentenfrau zu erfüllen hat: Sie war Schirmherrin des Müttergenesungswerkes, engagierte sich bei dem Deutschen Komitee für UNICEF, übernahm den Vorsitz im Kuratorium Deutsche Altershilfe. Diesen von ihren Vorgängerinnen »ererbten« Aufgaben fügte sie zwei ihr besonders wichtige hinzu: einmal die Schirmherrschaft der Deutschen Multiple Sklerose Gesellschaft e.V. und zum anderen die Gründung der Stiftung zur Förderung der Erfahrungsheilkunde und die Forschungsgemeinschaft Natur und Medizin e.V.

Als Schirmherrin der Deutschen Multiple Sklerose Gesellschaft e.V. hat sie es sich zur Aufgabe gemacht, nicht nur die Erforschung der Krankheit zu fördern, sondern, soweit dies möglich ist, die Jahre der unheilbar Kranken für die Betroffenen und deren Familien noch lebenswert zu gestalten. Ihre Devise heißt: Mit der Krankheit leben.

Mit der Vereinsgründung der Forschungsgemeinschaft Natur und Medizin am 20. Juli 1983 in der Villa Hammerschmidt erfüllte sich das Ehepaar Carstens, besonders aber Veronica Carstens, einen Herzenswunsch. Schon als Studentin der Medizin, erst recht aber während ihres Krankenhausdienstes und durch die Erfahrungen in der eigenen Praxis war Veronica Carstens bewußt geworden, daß die herkömmlichen Heilverfahren der Schulmedizin nicht immer ausreichten, ja dringend der Ergänzung durch die Therapien und Medikamente der Erfahrungsmedizin bedurften. Nicht gegen die herkömmliche Medizin, doch gegen ihren Alleinanspruch richtet sich ihr Bemühen, durch Rückbesinnung auf Homöopathie, Pflanzenheilkunde, Akupunktur, Neuraltherapie, also das überlieferte Heilwissen der Vergangenheit, Krankheiten zu bekämpfen. Veronica Carstens hofft, daß es dem Verein gelingt, den Zielen der Erfahrungsheilkunde mehr Nachdruck zu verleihen.

Nach ihrer Rückkehr ins Privatleben erinnern sich Karl und Veronica Carstens an ihre Zeit in der Villa Hammerschmidt als an einen besonders reichen und erfüllten Abschnitt ihres Lebens.

... während der Amtszeit von Richard von Weizsäcker (seit 1984)

»Unser heutiges Beisammensein ist ein ganz außergewöhnliches Ereignis für dieses Haus. Aus Ost und West und Nord und Süd haben sich Persönlichkeiten eingefunden, die höchste politische Verantwortung tragen. Sie sind hier, um gemeinsam mit uns Deutschen einen der unsrigen, Willy Brandt, aus Anlaß seines 75. Geburtstages zu feiern.«

Dies waren nicht die Worte eines Mitstreiters aus dem Lager der Sozialistischen Internationalen, sondern die des amtierenden, von der CDU nominierten Bundespräsidenten Richard von Weizsäckers (geb.1920) am 20. Januar 1989 in der Villa Hammerschmidt.

Richard von Weizsäcker und seine Frau Marianne mit Friedbert Pflüger am Tag der Wahl zum Bundespräsidenten, 23. Mai 1984.

Weizsäcker rühmte in der später in Unionskreisen als »Heiligsprechung« Brandts kritisierten Rede den SPD-Politiker als eine der großen Leitfiguren der deutschen Nachkriegsgeschichte. Brandts Kanzlerschaft, so führte er aus, habe zu fruchtbaren Auseinandersetzungen in der Gesellschaft geführt, seine Ostpolitik sei mit Adenauers

Westpolitik vergleichbar, der Kniefall vor dem Warschauer Getto am 7. Dezember 1970 habe den »Völkern einen neuen Weg geöffnet«. Und zu Willy Brandt gewandt sagte der Bundespräsident: »Ihnen ist in der Politik etwas ganz Seltenes gelungen: In Ihrer Person haben Sie die Spannung zwischen Macht und Moral aufgehoben.«*

Kaum je zuvor waren in der Villa Hammerschmidt so viele Staats- und Regierungschefs gleichzeitig zusammengekommen. Zum festlichen nachträglichen Geburtstagsdiner trafen sich hier: Frankreichs Staatspräsident François Mitterrand, die Präsidenten Venezuelas und Portugals, Carlos Andrés Pérez und Mario Soares, die Ministerpräsidentin Gro Harlem Brundtland aus Norwegen und ihre Amtskollegen Ingvar Carlsson aus Schweden, Mieczyslaw Rakowski aus Polen und Franz Vranitzky aus Österreich. Außerdem zählten zu den ausländischen Gästen Jacques Delors, Valentin Falin, Bruno Kreisky, Shimon Perez. Aus der Bundesrepublik nahmen teil: Bundeskanzler Helmut Kohl, Außenminister Hans-Dietrich Genscher, SPD-Chef Hans-Jochen Vogel und dessen damaliger Stellvertreter Oskar Lafontaine sowie andere CDU-, FDP- und SPD-Politiker wie Rainer Barzel und Hans Katzer, Walter Scheel, Holger Börner und Johannes Rau, um nur einige der rund vierzig Gäste zu nennen.

* »Festrede des Bundespräsidenten zum 75. Geburtstag von Willy Brandt«, zitiert nach »Süddeutsche Zeitung« vom 21. Januar 1989.

Festliche Geburtstagsessen zu Ehren einer führenden Persönlichkeit der Bundesrepublik waren in der Villa Hammerschmidt auf Anregung des Bundespräsidenten seit einiger Zeit zur Regel geworden. Im Kreise von Freunden und alten Weggenossen hatten Richard und Marianne von Weizsäcker (geb. 1932) bereits den Schauspieler Heinz Rühmann, den Kardinal Josef Höffner, den Schriftsteller Wolfgang Koeppen, den Historiker Golo Mann und andere geehrt.

Seit die Weizsäckers nach der Bundespräsidentenwahl am 1. Juli 1984 beschlossen hatten, die Villa Hammerschmidt nicht nur als Amts-, sondern auch als Wohnsitz zu nutzen – im ersten Stock wurden einige Räume zur Privatwohnung hergerichtet –, hat sich dort einiges verändert. Über ein Vierteljahr wurde im Sommer 1984 die Villa Hammerschmidt zu einer Baustelle. Sowohl die Heizungsanlage als auch große Teile des Rohrleitungssystems mußten dringend erneuert werden. Es war nicht mehr zu verantworten, daß immer nur ausgebessert und niemals grundlegend renoviert wurde. Einmal am Werk, nutzten Marianne und Richard von Weizsäcker die Gelegenheit, das Innere des Hauses generell zu »rekultivieren«, das heißt, dem Hausinneren eine einheitliche Note zu geben. Nach den Anweisungen des Münchner Architekten Professor Meitinger, der zur Zufriedenheit des Bundespräsidenten auch Schloß Bellevue in Berlin erneuerte, wurden die Räume des Hauses weiß oder in zarten Pastelltönen gestrichen, die Parkettböden restauriert und mit hellgrundigen Teppichen belegt.

So entstand der Eindruck von Weite, Klarheit und Stille im Haus. Sparsam auf die einzelnen Räume verteilt, verstärken formschöne Empire-Möbel, die Leihgaben aus Schloß Wilhelmshöhe bei Kassel sind, den harmonischen Gesamteindruck. Auch farblich herrscht Ausgewogenheit: Das Hellgrau der Übergardinen ergänzt sich vorzüglich mit dem Rostrot der Mahagonimöbel und dem Schwarz der Roßhaarbezüge bei Sofas, Sesseln und Stühlen.

In den Repräsentationsräumen im Parterre, im Treppenhaus und den sogenannten Damenräumen im ersten Stock hängt nun eine eindrucksvolle Auswahl von Bildern der bekanntesten deutschen Maler aus der ersten Hälfte des zwanzigsten Jahrhunderts. Willi Baumeister, Max Beckmann, Max Ernst, Ernst Ludwig Kirchner, Paul Klee, Karl Schmidt-Rottluff, Emil Nolde sind hier mit einer oder mehreren ihrer Arbeiten vertreten. Die Bilder sind Leihgaben deutscher Museen und werden, wenn sie zu Ausstellungen benötigt werden, zurückgerufen und durch andere Exponate ersetzt. Daß sie ihren Platz in der Villa Hammerschmidt gefunden haben, verdanken sie der Kunstliebhaberin Marianne von Weizsäcker, die es für eine ihrer Aufgaben hält, moderne deutsche Kunst den zahlreichen in- und ausländischen Besuchern des Präsidentenhauses auf diese Weise näherzubringen.

Im Frühjahr 1987 begann man auch damit, den Park rund um die Villa Hammerschmidt neu zu gestalten. Der Landschaftsgestalter Horst Wagenfeld wurde damit beauftragt, ein Gesamtkonzept zu entwickeln. Es ging unter anderem darum, die bis zu hundertfünfzig Jahre alten ausladenden Solitärbäume und Baumgruppen wieder voll zur Geltung zu bringen. Zunächst beseitigte man einen die Rasenfläche diagonal durchschneidenden Zufahrtsweg, der seit den fünfziger Jahren vom Eingangstor an der Konrad-Adenauer-Allee nach Norden auf das Präsidialamt zu verlief. In einer weichen Linie verlegte man die Zufahrt vom Eingang aus zunächst nach Süden und führte sie dann an der südlichen Grundstücksgrenze entlang. In einem weichen Bogen läuft der Weg dann nach Norden auf die Villa Hammerschmidt zu. Alle Fahrwege belegte man mit Grauwacke (Sandstein), alle Gehwege mit hellem Quarzperlkies. In die Rasenfläche vor der Vorfahrt der Villa Hammerschmidt hat man ein Rosenbeet gestaltet und den Springbrunnen erhalten.

Unter Richard und vor allem Marianne von Weizsäckers Einfluß wurde in den achtziger Jahren aus der Villa Hammerschmidt und ihrem Park eine ebenso schlichte wie noble Repräsentationsstätte von ästhetischem Reiz.

Der sechste Bundespräsident hat sehr schnell die Achtung und Anerkennung seiner Landsleute gefunden. In ihm scheinen sich alle Eigenschaften zu verkörpern, die sich die Bundesbürger bei einem Präsidenten wünschen. Er wirkt pflichtbewußt, selbstbeherrscht, klug, höflich, gebildet, weltoffen. Zudem verfügt er über jenes Quentchen »Preußisches«, das, allem republikanischen Bewußtsein zum Trotz, noch immer als Signum des Edelmannes gilt. Selbst ein Antipode wie Franz Josef Strauß lobte ihn als »umfassend gebildet und redegewandt, Würde ausstrahlend und doch schwungvoll, geistreich und trotzdem lebensnah, auf Ausgleich bedacht und doch nicht konfliktscheu«.*

Der allseits Geachtete, dessen Ansehen im In- und Ausland sich auch in der zweiten Amtszeit bisher nicht vermindert hat, gehört zu jener Kriegsgeneration, deren Angehörige als junge Menschen in wenigen Jahren so viel erlebt haben wie andere vor und nach ihnen oft nicht am Ende eines langen Lebens. Mehr noch als seine Altersgenossen hatte Richard von Weizsäcker prägende persönliche und politische Erfahrungen zu verarbeiten. Er war nicht nur seit 1938 Soldat des Potsdamer Infanterieregimentes 9 und von Kriegsbeginn an vornehmlich im Osten eingesetzt, er hatte auch die Spannungen miterlebt, die sein Vater als Staatssekretär des Auswärtigen Amtes unter von Ribbentrop in der Nazi-Zeit auszuhalten hatte.

Als Marianne von Kretschmann und Richard von Weizsäcker sich 1950 bei einer Hubertusjagd in der Nähe von Essen kennenlernten, war erst ein Jahr vergangen, daß der junge Rechtsreferendar – damals noch Student – den Verteidigern seines Vaters im »Wilhelmstraßenprozeß«, einem der Nachfolgeprozesse des Nürnberger Hauptkriegsverbrecherprozesses, assistiert hatte. In den Jahren zwischen 1947 und 1949 gelang es damals den Vertei-

* Friedbert Pflüger »Richard von Weizsäcker. Ein Portrait aus der Nähe«, Stuttgart 1990, S. 424.

digern, den »konservativen Patrioten« Ernst von Weizsäcker, »dessen Leben zwischen Widerstand und Mitwirkung unter dem Nationalsozialismus von exemplarischer Bedeutung für das Verstehen der Zeit«* ist, von den gegen ihn gerichteten Vorwürfen soweit zu entlasten, daß er zunächst zu sieben, später zu fünf Jahren Haft verurteilt wurde. Churchill, der um die Friedensbemühungen Ernst von Weizsäckers wußte, nannte im Unterhaus die amerikanische Anklage »a kind of deadly error«.** Bereits 1950 wurde der Vater des Bundespräsidenten aus der Haft entlassen. Er starb ein Jahr später.

Für Richard von Weizsäcker aber waren und blieben die Greuel der Vergangenheit von prägender Bedeutung. Durch Zeugenaussagen und Dokumenteneinsicht während dieses Prozesses gewann er deutlicher als andere Einblick in die Verbrechen des Nationalsozialismus. Menschenrechte, Menschenwürde – kurz die Moral in der Politik – sind seither unabdingbare Voraussetzungen seines politischen Handelns.

1953 heirateten Richard und Marianne von Weizsäcker. Richard von Weizsäcker wurde als Assessor in der juristischen Abteilung bei Mannesmann in Düsseldorf tätig, Marianne von Weiz-

---

* Hellmut Becker, »Weizsäcker im Wilhelmstraßenprozeß«, in: Werner Filmer/Heribert Schwan (Hrsg.) »Richard von Weizsäcker«, Düsseldorf/Wien 1984.

** Sir Winston Churchill, »Post-war Speeches« Bd. 1, S. 480, Rede vom 28.10.1948, Libary of Imperial History in Association with Cassel & Co. Ltd., London.

säcker, die keinen Beruf erlernt hat, wurde nach Abitur und kurzer kaufmännischer Ausbildung Hausfrau im althergebrachten Sinne.

Von nun an bestimmte der Lebensweg Richard von Weizsäckers das Familienleben. Er führte konsequent – über Stationen in der Wirtschaft und herausragenden Positionen in der Evangelischen Kirche und der CDU – ins höchste Staatsamt.

1958 verließ Richard von Weizsäcker die Firma Mannesmann, in der er zuletzt als Leiter der wirtschaftspolitischen Abteilung gearbeitet hatte, um als persönlich haftender Gesellschafter in das Bankhaus Waldthausen und Co. in Essen und Düsseldorf einzutreten. Die Familie seiner Frau war mit den Inhabern verwandtschaftlich verbunden, und man wünschte sich ein Familienmitglied an der Spitze des Unternehmens. 1963 wechselte Richard von Weizsäcker dann zum Chemieunternehmen C. H. Boehringer in Ingelheim, wo er bis 1967 als persönlich haftender Gesellschafter in der Geschäftsführung tätig war.

Seine Frau widmete sich in diesen Jahren der Erziehung der vier Kinder und der menschlichen und beruflichen Unterstützung ihres Mannes.

Neben seinem Beruf als Wirtschaftsjurist hat sich Richard von Weizsäcker schon immer mit kirchlichen und politischen Aufgaben befaßt. Sein eigentliches Interesse galt und gilt philosophischen, historischen und politischen Fragen.

Seit 1962 gehörte er dem Präsidium des Deutschen Evangelischen Kirchentags (DEKT) und von 1969 bis 1974 dem Rat der Evangelischen Kirche in Deutschland (EKD) an.

Einundzwanzig Jahre lang war Richard von Weizsäcker in führender Position des DEKT tätig und für die Gestaltung mehrerer Kirchentage verantwortlich. Das erste ökumenische Pfingsttreffen in Augsburg 1971, eine mit dem Zentralkomitee der deutschen Katholiken gemeinsam organisierte Großveranstaltung, war das Verdienst Richard von Weizsäckers. Bei aller Toleranz ist jedoch die eigentliche geistige Heimat des heutigen Bundespräsidenten der christliche Glaube lutherischer Prägung. Zu allen Zeiten hat dieser sein Denken und Handeln beeinflußt.

Im kirchlichen und politischen Bereich fand Richard von Weizsäcker – er ist seit 1953 CDU-Mitglied – in diesen Jahren große Anerkennung. 1966 berief man ihn in den CDU-Bundesvorstand, 1969 gelangte er über die Landesliste in den Bundestag. Während der Ratifizierungsdebatte über die Ostverträge der Regierung Brandt/Scheel hielt er im Februar 1972 zwei vielbeachtete Reden, die dazu beitrugen, daß die CDU/CSU durch Stimmenthaltung die Ratifizierung ermöglichte. Von 1972 bis 1974 leitete er dann die Grundsatzkommission der CDU, die ein zeitgemäßes Grundsatzprogramm erstellte, das aus der CDU eine moderne Volkspartei machte. Als Stellvertretender Fraktionsvorsitzender in den Jahren von 1972 bis 1979 und als einer der Vizepräsidenten des Bundestages von 1979 bis 1981 erwarb er sich hohes Ansehen.

Für das Amt des Bundespräsidenten aber hat sich Richard von Weizsäcker vor allem durch seine Tätigkeit als Regierender Bürgermeister von Berlin von 1981 bis 1984 qualifiziert. Zwar verfehlte er im

März 1979 die erforderliche Mehrheit für das Berliner Amt, jedoch gelang es ihm bei den vorgezogenen Parlamentswahlen am 10. Mai 1981, den SPD-Kandidaten Hans-Jochen Vogel knapp zu schlagen. Als Richard von Weizsäcker 1983 die Halbzeitbilanz seiner Tätigkeit in Berlin vorlegte, zeigte es sich, daß es ihm gelungen war, die in dieser Zeit als fast »unregierbar« geltende Stadt mit ihren schwerwiegenden Problemen – den radikalen Jugendprotesten , den Hausbesetzungen, den Ausländerfragen und der Wirtschaftskriminalität – wieder regierbar zu machen. An exponierter Stelle hatte sich der ehemalige Kirchentagspräsident und Parteiprogrammtheoretiker als praktischer politischer Kärrner bewährt.

Für Marianne von Weizsäcker wurden die Berliner Jahre zu »Freiheitsjahren«. Zum ersten Mal, seit sie verheiratet war, gab es keine häuslichen Verpflichtungen mehr für sie. Nun beteiligte sie sich am politischen Leben ihres Mannes, übernahm wie auch schon in Bonn soziale Aufgaben, erwarb die ersten Erfahrungen mit dem Drogenproblem, das sie später als Frau des Bundespräsidenten zu ihrer speziellen Aufgabe machte. Auch besuchte sie Galerien, Museen, Theateraufführungen, Opern und Konzerte – meist allerdings allein, da ihr Mann durch sein Amt sehr gebunden war.

Als Richard von Weizsäcker am 23. Mai 1984 als Nachfolger von Karl Carstens mit 832 von 1017 abgegebenen Stimmen zum sechsten Bundespräsidenten gewählt wurde, war vergessen, daß er 1974 als sogenannter Zählkandidat der CDU gegen Walter Scheel verloren hatte. Nun hatten ihm achtzig

Prozent der Bundesversammlung ihre Stimme gegeben, also auch eine hohe Zahl von F.D.P.- und SPD-Anhängern.

Richard und Marianne von Weizsäcker wirken seither beide in der umgestalteten Villa Hammerschmidt, und Marianne von Weizsäcker betont, daß es ein »Reichtum« sei, »eine große gemeinsame Aufgabe zu haben.«

Wie bei allen ihren Vorgängerinnen ist auch ihr Arbeitstag ausgefüllt mit der Erledigung der täglichen Post, den Problemen der Schirmherrschaften, den Vorbereitungen zu den zahlreichen Staatsbesuchen, den Veranstaltungen der sozialen Organisationen usw. Ihren »ererbten« Aufgaben hat sie die Schirmherrschaft des Bundesverbandes der Elternkreise drogengefährdeter und drogenabhängigen Jugendlicher hinzugefügt. In diesen Elternkreisen suchen die Eltern gemeinsam einen Weg aus der Hilflosigkeit und nach den Möglichkeiten, ihre Kinder von der Sucht zu befreien. Wie wichtig diese Arbeit ist, zeigt die Zunahme des Drogenkonsums.

Weiterhin initiierte die Frau des Bundespräsidenten 1988 die Stiftung »Integrationshilfe für ehemals Drogenabhängige – Marianne von Weizsäcker Fonds«. Seit demselben Jahr ist sie auch Mitglied des Kuratoriums der nationalen Aidsstiftung.

Richard von Weizsäcker aber hat als Bundespräsident bei seinen zahlreichen Auftritten im In- und Ausland vor allem bewiesen, daß er sowohl bei seinen Begegnungen mit Menschen als auch in seinen Reden den deutschen Standpunkt hervorragend wiederzugeben versteht. Seine Äußerungen zeugen von hohem geistigen und moralischen Anspruch, ohne moralisierend zu wirken, und zeichnen sich durch scharfe Analysen, ethische Kriterien und eindrucksvolle Formulierungen aus.

Am eindringlichsten aber waren und bleiben die Reden des Bundespräsidenten, die sich auf seine Erfahrungen mit dem Nationalsozialismus beziehen. Hier versucht der Bundespräsident weder die Vergangenheit zu verdrängen noch sie durch stolze Beschwörungen deutscher Leistungen aufzuwerten, sondern in klarer Auseinandersetzung mit der historischen Wahrheit seinen Landsleuten zu eigener Urteilsfindung zu verhelfen.

Unvergessen bleibt deshalb die Ansprache Richard von Weizsäckers am 8. Mai 1985, dem vierzigsten Jahrestag der deutschen Kapitulation. In dieser Rede hat er zur Sprache gebracht, was über Scham und Schuld, über Befreiung statt Niederlage zu sagen war. Er maß Politik an den Gesetzen der Moral.

Geschichte ist für Richard von Weizsäcker kein unentrinnbares Schicksal, sondern eine Aufgabe, die es zu gestalten gilt. In diesem Sinne begreift der Bundespräsident seine Aufgaben in der Villa Hammerschmidt.

Am 20. Juni 1991 entschieden sich die bundesdeutschen Parlamentarier, Berlin statt Bonn zum zukünftigen Regierungssitz zu wählen. Auch für die Villa Hammerschmidt endet damit ein wichtiges Kapitel ihrer Geschichte.

Nach der Übersiedlung des Bundespräsidenten nach Berlin wird sie vermutlich wieder das werden, was sie ursprünglich war und auch in den Zeiten als Präsidentenpalais blieb: ein Bürgerhaus. Als solches war sie in den vergangenen vierzig Jahren geradezu der ideale Ort für den ersten Bürger des Staates, der, wie Walter Scheel es formulierte, in ihren Mauern erfolgreich arbeiten und angemessen leben konnte.

Zu der vierzigjährigen Erfolgsbilanz der Bundesrepublik Deutschland hat auch die Villa Hammerschmidt entscheidend beigetragen.

Quellennachweis

Amburger, Erik, *Der Reichssekretär A.A. Polovcov als Privatunternehmer*, in: Fremde und Einheimische im Wirtschafts- und Kulturleben des neuzeitlichen Rußland. Steiner, Wiesbaden 1982.

ders., *Jahresbericht der Deutsch-Ref. Gemeinde St. Petersburg 1902*, schriftl. Notiz an die Autorin.

ders., *Die Zuckerindustrie in St. Petersburg bis zur Mitte des 19. Jahrhunderts. Raffinerien, Fabrikanten und Zuckersieder*, Forschungen der osteuropäischen Geschichte, Berlin 1986.

Barleben, Ilse, *Beiträge zur Geschichte Mülheims*, Mülheim an der Ruhr, 1959.

Denkschrift zur Hundertjahrfeier der Stadt Mühlheim an der Ruhr, 1908.

Deutsches Geschlechterbuch. Genealogisches Handbuch bürgerlicher Familien, Bd. 24, hrsg.v. Dr. jur. Bernhard Koerner. Druck und Verlag C.A. Starke, Görlitz 1913.

Einsiedel, Friedrich von, *Chronik der Familie Giesler*, Privatdruck, Köln 1937 (Stadtarchiv Brühl).

Hammerschmidt, Wilhelm, *Geschichte der Baumwollindustrie im Rußland vor der Bauernemanzipation*, Verlag Karl J. Trübner, Straßburg 1906.

Hansmann, Wilfried, *Das Schloß Falkenlust zu Brühl. Rheinische Kunststätte*, hrsg. v. Rheinischer Verlag für Denkmalpflege und Landschaftsschutz, Köln 1976.

Höroldt, Dietrich und Manfred van Rey, Hrsg., *Geschichte der Stadt Bonn*, Band 3 und 4, Dümmler-Verlag, Bonn 1989.

Knopp, Gisbert, *Gutachten des Rheinischen Amts für Denkmalpflege*, Abteil Brauweiler 1976.

Koenig, Alexander, *Autobiographie*, Druck und Verlag Kunze, Dornblüth Nachf., Bernburg 1938.

König, Julie, *Johann Georg König und sein Haus*, 1885 (Bibliothek des Zoologischen Forschungsinstituts und Museums Alexander Koenig).

Kunstdenkmäler der Rheinprovinz III, 5. Bd. der Stadt und des Kreises Bonn, bearb. von Paul Clemen, Druck und Verlag L. Schwann, 1905.

St. Petersburger Zeitung (Universitätsbibliothek, Bonn).

Russkij biograficeskij slovár, Bd. 16, Stichwort Rötger, K.K., St. Petersburg 1913

Leopold Weber, *Auswanderer-Schicksale – Deutsche Bauern und Handwerkersöhne in Rußland*, hrsg. v. Prof. Karl Plenzat, Hermann Eichblatt Verlag, Leipzig o.J.

Zentral-Archiv Leningrad, *Ganz Petersburg 1895 bis 1914 und Ganz Petrograd 1915 bis 1916.*

Bildnachweis

Archiv des Zoologischen Forschungsinstituts und Museums Alexander Koenig, Bonn: 14, 21, 38, 40, 45, 53, 64, 66, 67

DPA: 160

Foto-Atelier Neff, Brühl: 18

Presse- und Informationsamt der Bundesregierung, Bonn: 173, 186, 201, 218

Rheinisches Amt für Denkmalpflege, Abtei Brauweiler: 51

W. Schernstein, Mülheim: 12

Hilmar Pabel, Foto Privatbesitz von Barbara Wichelhaus, Köln: 193

Alle übrigen Fotos Privatbesitz der Familie Hammerschmidt

Große Gala in Bonn

Als Band mit der Bestellnummer 11 429 erschien:

In seinem letzten Buch breitet der Insider der Bonner Politszene mit leichter Ironie aus, was er bei über zweihundert Staatsempfängen erlebte: vom verunglückten Hofknicks bis zu den Folgen des Wirtschaftswunders für die Maße im Bonner Frackverleih. Man schmunzelt, wenn man erfährt, daß Staatsmänner eben auch nur Menschen sind.